Hermann Landolt
Erfolgreiches Lernen und Lehren

Hermann Landolt

Erfolgreiches Lernen und Lehren

Herausgegeben vom Institut für Bildungsforschung und Berufspädagogik des Kantonalen Amtes für Berufsbildung, Zürich

Band 19

Die Deutsche Bibliothek – CIP-Einheitsaufnahme

Landolt, Hermann:
Erfolgreiches Lernen und Lehren / Hermann Landolt. Hrsg. vom Institut für Bildungsforschung und Berufspädagogik des Kantonalen Amtes für Berufsbildung, Zürich. Ill.: Dietrich Gondosch. – 1. Aufl. – Aarau; Frankfurt am Main: Verl. für Berufsbildung, Sauerländer, 1994
(Berufspädagogik bei Sauerländer; Bd. 19)
ISBN 3-7941-3736-1
NE: GT

Herausgegeben vom Institut für Bildungsforschung und Berufspädagogik des Kantonalen Amtes für Berufsbildung, Zürich

Berufspädagogik bei Sauerländer, Band 19

Hermann Landolt
Erfolgreiches Lernen und Lehren

Illustrationen: Dietrich Gondosch, Billigheim/Pfalz

1. Auflage 1994

ISBN 3-7941-3736-1
Bestellnummer 06 03736

Verlag für Berufsbildung, Sauerländer AG, Postfach, 5001 Aarau

Inhalt

Hermann Landolt unterrichtete nach seiner Ausbildung zum Primarlehrer auf der Volksschulstufe. Nach dem Abschluss des Studiums der Erziehungswissenschaften, der Geschichte und Philosophie lehrte er als Dozent in der Volksschullehrerausbildung des Kantons Zürich Pädagogik, Psychologie und Allgemeine Didaktik. Als ausgebildeter Trainer für Gruppendynamik war er Lehrbeauftragter am psychologischen Institut der Universität Zürich und betätigte sich als Berater und Supervisor in der Lehrerfortbildung. Zudem arbeitete er als Lehrbeauftragter am Höheren Lehramt für allgemeinbildende Berufsschullehrer an der Universität Zürich, dem er heute als Studienleiter vorsteht.

Vorwort

In der Berufsbildung wird heute vermehrt Wert auf qualitatives Wachstum gelegt: In Betrieben und Schulen versucht man intensiv, mit den zur Verfügung stehenden Mitteln mehr zu erreichen. Deshalb werden heute didaktische Fragen wieder diskutiert: Wie können die überall verlangten «Schlüsselqualifikationen» vermittelt werden? Was können wir von den neuen Methoden erwarten, die an den Volksschulen und in der betrieblichen Bildung entwickelt wurden? Wie wird 'erwachsenengerechter' Unterricht verwirklicht? Und was steckt hinter Schlagwörtern wie «ganzheitlicher Unterricht», «Werkstattunterricht», Projektmethode usw.?

Das vorliegende Buch vermittelt eine solide Grundlage für diese Diskussionen. Der Autor, Prof. Dr. Hermann Landolt ist Allgemeindidaktiker und verfügt über langjährige Erfahrung in der Ausbildung von Volks- und Berufsschullehrern. Er stellt hier klassische und moderne Unterrichtsmethoden übersichtlich dar und geht in einem zweiten Teil auf die lernpsychologischen Hintergründe des Lernens und Lehrens ein.

Wir hoffen, dass das Buch mithilft, die didaktische Diskussion zu versachlichen und gleichzeitig Lehrerinnen und Lehrer anregt, ein erweitertes Methodenrepertoire anzuwenden, damit die immer anspruchsvolleren Ziele der Berufsbildung von möglichst vielen Jugendlichen und Erwachsenen bewältigt werden.

Für den Herausgeber: Dr. Emil Wettstein

EINLEITUNG

Die Berufsbildung als Teil der Gesellschaft kann aufgrund sich wandelnder Rahmenbedingungen einer ständigen Weiterentwicklung nicht verschliessen. Der gesellschaftliche Wandel und neue Anforderungen der veränderten Arbeitswelt sind für die pädagogisch-didaktische Situation bestimmend, die – wie auch die Verhaltensweisen und Einstellungen der Auszubildenden und Lehrenden – bei der Planung und Gestaltung erfolgreichen Unterrichts berücksichtigt und miteinbezogen werden soll. Ausdruck davon ist u.a. auch der Einsatz erweiterter methodischer Formen im Unterricht.

Der gesellschaftliche Wandel

Die heutige gesellschaftliche Situation entwickelte sich aus einer Haltung der aktiven Weltbeherrschungsmentalität in Form von Wissenschaft und Technik sowie von rationalem und diszipliniertem Verhalten. Sie drückte sich in einer bewussten Lebensführung und Lebensplanung und einem hohen Berufs- und Arbeitspflichtgefühl aus. Berufserfolg wurde angestrebt zur persönlichen Befriedigung und als äusseres Zeichen der Erwähltheit. Der individuelle Erfolg sowie entsprechende Arbeitsleistungen wurden zum entscheidenden Antrieb im Leben des einzelnen, und Arbeit und Beruf als Bestandteil grundlegender Gesinnung standen im Zentrum. Sie nahmen einen umfassenden Stellenwert für die eigene Identitätsbildung ein und vermittelten über den Lohn hinaus innere Befriedigung.

Jedoch verkürzte Arbeitszeiten, die Auflösung proletarischer Milieus, die Entstandardisierung von Lebensläufen, der Bedeutungsverlust sozialer Hierarchien sowie das Verschwinden traditioneller Grossgruppierungen führten zu einschneidenden Veränderungen im Wertegebäude der Gesellschaft. Der einzelne Mensch und seine Entwicklung stehen nun vermehrt im Mittelpunkt. Individualisierung und Singularisierung prägen das existentielle Verhalten. Das «freie» Handeln des Individuums wird immer mehr durch die persönlichen Möglichkeiten des einzelnen bestimmt. Um materiell jedoch existieren zu können, werden als Folge davon die Menschen gezwungen, sich laufend mit der eigenen Lebensorganisation zu befassen.

Seit den achtziger Jahren ist eine erlebnisorientierte Ästhetisierung der persönlichen Lebenswelt festzustellen, indem das Alltagsleben, insbesondere die Freizeit, gemäss einem angestrebten Lebensstil inszeniert bzw. ästhetisiert wird. Auf dem Hintergrund der Überflussgesellschaft wächst ein Erlebnisinteresse, das sich etwa darin ausdrückt, dass Gegenstände nicht mehr nach ihrer Nützlichkeit erstanden werden, sondern nach ästhetischen Kriterien, nach dem Design. Eine postmoderne Verschiebung vom «Überleben» zum «Erleben» findet statt. Der erlebnishungrige Mensch sucht nach ständig neuen Erlebnisformen. Dabei wird das Individuum als soziales Wesen in der Erlebniswelt anstatt zum Mitteilhabenden oft nur noch zum mitkonsumierenden Begleitinstrument. Dadurch entstehen Erwartungsbedingungen, die ihre Auswirkungen im Verhältnis des Individuums zur Gesellschaft, zu den Mitmenschen und auch zur Schule und zum Unterricht haben.

«Dasein im Design»

Diese Individualisierung und Erlebnisorientierung des Menschen in einer offenen, multikulturellen Gesellschaft mit Tendenzen zu übergreifenden politischen (für den einzelnen oft unübersichtlichen) Organisationen sowie immer häufigere ökologische und ökonomische Risiken führen zu Unsicherheit und Unübersichtlichkeit. So binden sich einzelne auf der Suche nach sicheren Werten und aus der Angst vor Einsamkeit an Gruppen mit verschiedenartigsten, klar definierten, häufig auch fundamentalistischen Grundsätzen, um in der gesellschaftlichen Offenheit Halt zu finden. Die individualisierte Lebenssituation wird durch die Einbettung in eine geschlossene Gruppierung aufzufangen versucht, mit dem Ziel, die persönliche Unsicherheit und Orientierungslosigkeit abzubauen oder gar zu vermeiden.

Veränderte Arbeitswelt

Im Produktionsbereich ist ein Wandel festzustellen vom traditionell tayloristisch-fordistischen Arbeitsablauf zum umfassenderen Beitrag des einzelnen an wechselnden Problemlösungen. Komplexe Produktionsanlagen und Arbeitsabläufe können häufig nur noch mit übergreifenden Arbeitsfunktionen erfasst werden. Bei der Einführung neuer Technologien und Arbeitskonzepte werden neben wirtschaftlich-technischen Überlegungen oft auch mitarbeiterbezogene Aspekte in den Entscheidungsprozess miteinbezogen (ganzheitliches Planen). Qualifizierte Arbeit und flexibler Einsatz, aufbauend auf moderner Informationstechnologie und veränderten Produktionsmethoden mit autonomen Funktionseinheiten, treten an die Stelle einfacher Tätigkeiten. Durch diese Einflüsse verliert die einmal erlernte Berufstätigkeit ihre lebenslang anhaltende Bedeutung. Die neue Erwerbsarbeit zwingt den Menschen zu unbegrenzter Mobilität und Flexibilität, da sie immer wieder verändert wird, was ständige Requalifizierungsprozesse fordert, die sich in Form lebenslangen Lernens auswirken. Bereitschaft und Fähigkeit zu ständiger Weiterbildung werden vom Arbeitnehmer erwartet und neue Spezialkenntnisse zur Verzögerung eines altersbedingten Leistungsabfalls sowie zur Teilhabe am allgemeinen Wissensfortschritt gefordert. (vgl. Kratz 2/1992: 23)

Zudem zeichnet sich eine Tendenz zu «proportionierter Arbeit» ab. Nicht mehr die berechenbare, lebenslange Tätigkeit mit einem stabilen und sicheren Arbeitsplatz steht im Vordergrund, sondern projektorientierte, auf Zeit beschränkte Arbeitskraft und beanspruchtes Wissen und Können eines einzelnen oder eines Teams. Dieses rasch wechselnde und nicht mehr kalkulierbare Arbeitsleben erschwert jegliche bis anhin übliche Berufslebensplanung und langfristige Anstellung. Der Arbeitnehmer hat sich laufend mit seiner ökonomischen Situation und seinen Qualifikationen auseinanderzusetzen und sich um sein individuelles Arbeitsmarktschicksal, das vermehrt zwischen zeitlich befristeter Anstellung und Arbeitslosigkeit schwanken wird, zu kümmern. Die Bemühungen um die Arbeitsexistenz in der immer anspruchsvoller und komplexer werdenden Arbeitswelt erfordern vermehrten persönlichen Einsatz und entsprechende Kräfte.

Pädagogische Situation

Pädagogik und Schule können sich weder gesellschaftlichem Wandel noch wirtschaftlichen Forderungen verschliessen und müssen die allgemeine Entwicklung integrieren. Sie sind als Teilsysteme sowohl mit der Gesellschaft wie auch der Wirtschaft verknüpft und durchdringen und beeinflussen sich gegenseitig.

Neue Pädagogik?

Die Erkenntnisse der Pädagogik und ihre Umsetzung begleiten und prägen erzieherisches und unterrichtliches Handeln. Eine kritische, emanzipatorische Pädagogik fordert mehr Raum für Selbst- und Mitbestimmung sowie für selbstverantwortliches Lernen. Dazu verhelfen soll eine vermehrt auf das Individuum ausgerichtete Erziehungs- und Bildungskonzeption. Insbesondere entfaltet sich ein Erziehungsstil, ein sozialintegratives Lehrerverhalten, das angeregt in Deutschland durch Reinhard und Annemarie Tausch und in Amerika durch Carl Rogers eine stille Revolution in den Klassenzimmern ausgelöst hat. Die institutionelle Autorität der Lehrkräfte weicht einem partnerschaftlichen und schülerbezogenen Umgang.

Daneben drängen die anstehenden Bildungsfragen und die Forderungen der Arbeitswelt auf ein neues Verständnis von Allgemeinbildung, die die Alltagsbewältigung miteinbezieht und Fundament für eine lebenslange, immer wieder neu zu entwickelnde Handlungsfähigkeit wird. Diese Zielsetzung, Berufsarbeit, Berufs- und Menschenbildung zusammenzuführen, ist bis heute kaum verwirklicht worden. Gerade im informationstechnischen Zeitalter scheint es unmöglich zu sein, eine einheitliche Lebens- und Weltanschauung als handlungsleitende Grundlage herauszubilden. Das Allgemeine lässt sich kaum mehr fassen, und als Folge davon entfällt auch eine definierte Allgemeinbildung.

Die Pädagogik ist aufgerufen, ihre Erkenntnisse für die Schule und weitere Lernorte wirksam werden zu lassen, um in einer schnell sich ändernden Welt den Schülern und Schülerinnen zu einer möglichst aktuellen und zukunftsweisenden Ausbildung zu verhelfen.

Die Auszubildenden

Die Entwicklung der Auszubildenden – des Lehrlings oder der Lehrtochter – ist in diesem Lebensabschnitt weitgehend bestimmt von der Entfaltung der Persönlichkeit und der Suche nach der eigenen Identität, aber auch von der Arbeit und Arbeitswelt, der Freizeit sowie der Schule.

Während der Adoleszenz vollzieht sich eine intensive Auseinandersetzung der jungen Menschen mit den eigenen Allmachtsphantasien und den Ansprüchen der Realität. Dabei leistet die Berufslehre für die Auszubildenden eine bedeutsame Hilfe. Die Beschäftigung mit der Arbeitswirklichkeit stellt eine laufende Konfrontation mit der Realität dar und beinhaltet zugleich eine ständige Berührung mit den Anforderungen der Erwachsenenwelt. Die Eingliederung in gesellschaftlich anerkannte Arbeitszusammenhänge wirkt sich bei positiven Zukunftsperspektiven stabilisierend auf die Persönlichkeit des Jugendlichen aus und bietet Möglichkeiten an, Grössenphantasien abzuarbeiten. Die Arbeit und der Beruf stellen ein Korrektiv zu den narzisstischen Allmachtsgefühlen dar und helfen mit, die eigene Identität nicht nur aus der Idealität, sondern ebensosehr aus der oft harten Berufsrealität heraus zu definieren. Die Schule nimmt im unmittelbaren Erleben des Jugendlichen nur eine marginale Bedeutung für die Entfaltung der eigenen Persönlichkeit ein. Erst mit grösserer Distanz zu dieser Institution werden ihre persönlichkeitsprägenden Elemente wahrgenommen.

Im Gefolge der gesellschaftlichen Veränderungen und sich wandelnder Identitätsvorstellungen erfährt das Arbeitsverständnis der jungen Men-schen gegenüber früheren Generationen häufig einen Wechsel, indem Arbeit oft nur noch als Lebensunterhalt und/oder Überlebenssicherung betrachtet wird, die einen Erlebnisanspruch abzudecken und den Arbei-tenden emotional zu befriedigen hat. Arbeit um ihrer selbst willen ist dagegen eher selten. Dieses Jobverständnis trägt seine Ursache nicht nur im gewandelten Arbeitsverständnis, sondern auch in den Ansprüchen, die das Arbeitssystem an den Menschen stellt.

Selbstverwirklichung im Job

Trotz ganzheitlicher Planungsansätze wird der Arbeitsplatz nach wie vor als arbeitsteilig strukturierter Ort erlebt und führt zu einer geringen Bindung an den Arbeitsplatz. Die Freizeit erfährt dadurch einen immer grösseren Stellenwert und nimmt für die Identitätsbildung an Bedeutung zu.

Veränderte Berufsrolle der Lehrperson

Der Lehrer und die Lehrerin haben ihre angestammte Aufgabe der Informationsvermittlung den veränderten Anforderungen an die Auszubildenden und Arbeitnehmer und -nehmerinnen anzupassen. Die Lehrkraft ist nicht mehr nur Wissensvermittlerin, sondern neu auch Lernanimatorin und Beraterin, die sich als Person eingibt und ein förderliches Lernumfeld schafft. Zeitgemässer Unterricht verlangt nach einer inhaltlich, pädagogisch und didaktisch gestaltenden Persönlichkeit. Das zeigt sich etwa darin, dass die Lehrperson nicht mehr allein die hauptsächlich Aktive im Unterricht ist.

Die Lernanimatorin

Von der Lehrperson werden deshalb Qualifikationen erwartet, die sowohl organisiertes als auch selbständiges Lernen der Schüler und Schülerinnen möglich machen. Ihre breitere pädagogisch-didaktische Handlungskompetenz geht weit über die alleinige Informationsvermittlung hinaus. Die Lehrkraft ist es, die schlussendlich auf veränderte Rahmenbedingungen mit ihren Wirkungen auf die Menschen im allgemeinen und ihren Anforderungen für die Auszubildenden im speziellen mit einem den Voraussetzungen gemässen Unterricht zu reagieren hat, der den Lehrlingen und Lehrtöchtern eine optimale Berufsausbildung bietet.

Auswirkungen auf den Unterricht

Die Berufsbildung richtete sich bis anhin vor allem nach abnehmerorientierten Qualifikationen aus. Das Lehrmeisterprinzip stand im Mittelpunkt, ergänzt durch eine fähigkeitsbezogene fachliche Schulbildung. Die veränderten Rahmenbedingungen verlangen andere Formen schulischer Ausbildung.

Neue Anforderungen werden an die Arbeiternehmer und -nehmerinnen, an ihr menschliches und fachliches Können gestellt. Die traditionellen, vor allem handwerklichen Fähigkeiten in weiten Bereichen der Berufswelt haben sich als Folge veränderter Ansprüche der Wirtschaft um Anforderungen im intellektuellen und menschlich-persönlichen Bereich erweitert. «Wissen wird im Berufsleben immer wichtiger, vor allem die naturwissenschaftlichen, betriebswirtschaftlichen und technologischen Grundlagen der modernen Arbeit.» (Wettstein 11/91:5) Grundsätzlich lässt sich in der Arbeitswelt eine Bewegung «von der Hand zum Kopf» feststellen. Gleichzeitig ist im pädagogisch-didaktischen Bereich ein Aufbruch zu neuen und erweiterten Formen des Unterrichtens festzustellen. Es werden aber auch von den Bildungsinteressierten und den Auszubildenden veränderte Ansprüche an Schule und Lehrerschaft gestellt.

Die gewandelten Forderungen rufen nach innovativem Verhalten im beruflichen Unterricht. Dazu gehört eine intensive Auseinandersetzung mit dem Lernen des Schülers und mit neuen Ansätzen in der Didaktik. Sie können mithelfen, die notwendigen Grundlagen für eine optimale Ausbildung der Lehrlinge und Lehrtöchter zu schaffen. Die beiden Elemente «Hand» und «Kopf» sind in der Berufsausbildung zwar schon immer zum Ausdruck gekommen. Bis anhin diente aber die schulische Ausbildung vor allem der Unterstützung des fachlichen, praktischen

Könnens. Heute jedoch bahnt sich eine Tendenz an, die von der praxisorientierten Verfachlichung hin zu allgemeinbildnerischen Ansprüchen führt und daraus wieder zurück zu einer qualifizierteren, breiteren Fachkompetenz und Handlungsfähigkeit. Das duale, resp. das triale Berufsbildungssystem und die Berufsmatura machen offensichtlich, dass praktisches Können vermehrt mit intellektuellem Wissen und Handeln verbunden werden muss. Damit braucht es nicht mehr nur eine optimale Förderung der manuellen Fähigkeiten, sondern auch der intellektuellen.

Anstelle des vermittelten, auf einer analytischen Denkweise und der üblichen Lektionsidee fussenden Unterrichts tritt ergänzend ein breiter, fachlich-allgemeinbildender und übergreifend-ganzheitlicher Unterricht. Neben den fachlichen Kenntnissen, die nach wie vor von Bedeutung sind, sind Konzepte gefragt, die einen neuen Umgang und Einsatz mit den fachlichen *und* allgemeinbildnerischen Inhalten *und* menschlich-persönlichen Kompetenzen ermöglichen und insbesondere die Vermittlung von übergreifenden Qualifikationen erlauben. Zugleich müssen die Schüler und Schülerinnen auch mit dem Lernen per se, dem Lernenlernen vertrauter gemacht werden, um selbständiger, selbstverantwortlicher und kooperativer handeln zu können. Erreicht werden können diese hochgesetzten Ziele insbesondere mit individueller Förderung des einzelnen unter Berücksichtigung seiner persönlichen und entwicklungsbedingten Situation.

Mittel und Wege, die die kognitive Auseinandersetzung der Schüler mit den Lerninhalten vermehrt berücksichtigen, werden von den Lehrkräften erwartet. Grundlage dazu bildet eine differenzierte Kenntnis des Lernprozesses, d.h. Lernen als komplexer Prozess muss verstanden und erfasst werden, damit das Lernen der Schüler und Schülerinnen optimal gefördert werden kann. Erfolg stellt sich nur ein, wenn der Unterricht so gestaltet wird, dass er die Auszubildenden zum Lernen anleitet, anregt und ermuntert und sie auch selbständig werden lässt. Diese Art Unterricht, der mit vielfältigen Lehr- und Lernformen und auch fächerübergreifend geplant und organisiert wird, verlangt sowohl lehrergesteuertes als auch schülerorientiertes Arbeiten und Lernen.

Die nachfolgenden Ausführungen zum Lernen und Lehren, zu den Lehr- und Lernformen und zum Unterricht beziehen die dargestellten Aspekte und Überlegungen immer wieder ein. Es handelt sich um grundlegende Elemente, die unterrichtliches Planen und Gestalten beeinflussen und mittragen.

II. LERNEN

1. Bedeutung

Ausgehend von den gesellschaftlichen Bedingungen wird Lernen zu einem zentralen Begriff im heutigen Leben jedes Menschen. Es hat nicht mehr nur mit Wissensaneignung zu tun, sondern wird zu einem festen Bestandteil der Organisation moderner Lebensführung.

Die gesellschaftlichen Modernisierungsprozesse erfordern vom Menschen eine Umgestaltung traditioneller Lebensformen. Sie drücken sich u.a. in einer Individualisierung der Lebensgestaltung aus, die auf dem Hintergrund eines selbstverantwortlichen Handelns eine methodisch-rationale Lebensführung verlangt, aktiv-bewusst geplant und zweckrational verwirklicht wird. Dazu braucht es für die Bewältigung des Alltagshandelns ein Instrumentarium, das zu einem grossen Teil aus der heutigen Pädagogisierung unseres Lebenslaufes entsteht. Diese wird sichtbar in der «Institutionalisierung des allgemeinen und beruflichen Bildungswesens, der Professionalisierung von pädagogischen Berufsrollen sowie in der Ausweitung und Demokratisierung von Lernmöglichkeiten.» (Pollak 8/1991: 622) Die individualisierte Lebensgestaltung ergibt sich nicht nur aus der Weitergabe gesellschaftlicher und familiärer Lebensformen und Berufstraditionen, sondern auch aus Schule und Ausbildung und ist damit hoch bildungs- und lernabhängig.

Der Mensch ist heute um des eigenen Überlebens willen gezwungen, lebenslang zu lernen. Doch geht fatalerweise mit diesen unverzichtbaren Anstrengungen einher, dass trotz laufenden Lernens und einer damit verbundenen Besserqualifizierung, kein Anspruch mehr auf eine berufliche Besserstellung oder gar auf individuellen Erfolg erhoben werden kann. Lernen wird nicht zu einem Garanten für Sicherheit, sondern nur zu einem wichtigen strategischen Handlungs- und Deutungsmuster für die eigene Biographie und persönliche Lebensgestaltung. Diese ist der sozialen Mitverantwortung entbunden, da sie – auch für individuell nicht Verantwortbares – immer auf der Verantwortung des einzelnen Subjekts beruht. Der Mensch hat sich demzufolge Handlungsweisen anzueignen, die ihn zum selbstverantwortlichen Lebensgestalter befähigen. Mittel und Strategie zugleich ist hiezu Lernen.

Lernen stellt eine zentrale Aufgabe der Schule dar. Es wurde bis anhin aber meist als die Fähigkeit betrachtet, schulisch vermitteltes Wissen behalten und wiedergeben zu können. Folglich stand das Problem der optimalen Vermittlung eines Lerninhaltes im Mittelpunkt. Mit gezielter Motivation und geeigneten Methoden versuchten die Lehrpersonen, den Schülern und Schülerinnen sowohl den Stoff als auch das Lernen schmackhaft zu machen. Im Vordergrund stand die didaktische Frage: «Was muss wie gemacht werden, um die Schüler zum Lernerfolg zu führen»? Der Gliederung des Unterrichtes wurde – sowohl in der Didaktik als auch im Denken der Lehrer – grosse Bedeutung zugemessen. Ein Mittel dazu war die differenzierte Einteilung der Unterrichtsstunden in Lernphasen, die nach Ermessen des Lehrers den Schülern angepasst wurden. Damit drückten sich die Annahmen der Lehrkraft über optimale Lernschritte und -formen aus. Die Frage nach dem Lernprozess jedoch «Wie lernt der Schüler?» wurde kaum gestellt. Der Schüler wurde lediglich als Lernobjekt und nicht als Lernsubjekt angesehen, und die Schule vermittelte dem Schüler vor allem ein umfängliches Mass an Erfahrungswissen, mit dem er sein Leben und die Anforderungen der Berufsarbeit meistern konnte.

Das Erfahrungswissen im traditionellen Sinn – wie die Überlieferung vom Vater auf den Sohn oder vom Lehrer auf den Schüler – verliert immer mehr an Wert. An seine Stelle tritt Planungs-, Steuerungs- oder Analysewissen, d.h. Wissen, das speziell in Bildungseinrichtungen erworben wird. Die heute veränderten Lebensbedingungen erfordern vom Menschen neue Lernqualitäten. Es kann nicht mehr allein darum gehen, sich in kürzester Zeit auf interessante Weise und mit von der Lehrkraft festgelegten Lernschritten Wissen anzueigenen. Natürlich ist auch heute ein Grundwissen notwendig, das jedoch den Auszubildenden insbesondere befähigen soll, die immer neu auf ihn eindringenden Informationen schnell zu gewichten, auszuscheiden, zu integrieren und anwendungsbereit zur Verfügung zu halten. Nur so kann er in seinem individuellen und selbständigen Handeln kreativ und intuitiv tätig sein. Deshalb gewinnen der Lernprozess, erweiterte Lehr- und Lernformen, schülerorientierter Unterricht und das Lernenlernen immer mehr an Bedeutung. Erkenntnisse über das eigene Lernen und das damit verbundene Handhaben von Lerntechniken und -strategien sind Lerninhalt geworden, damit die Schüler und Schülerinnen fähig werden, Informationen allein zu verarbeiten, Zusammenhänge zu erfassen, Vor- und Nachteile zu bewerten, Probleme zu analysieren und zu lösen, aber auch eigene Tätigkeiten selbständig zu planen, durchzuführen und zu kontrollieren.

2. Reflexion eigenen Lernens

Um den Anforderungen eines neuzeitlichen Unterrichts zu genügen, müssen der Lehrer und die Lehrerin selber den Bereich Lernen (eigenes Lernen wie auch das Lernen des Schülers) kennen und über Kenntnisse von ablaufenden Lernprozessen verfügen.

Liebe zur Natur als Qualifikation zum Umweltunterricht

Lehrkräfte bauen ihr Wissen über das effektive Lernen der Auszubildenden vor allem auf ihren persönlichen schulischen Erfahrungen, wissenschaftlichen Theorien und eigenen Denkformen und Wissensbeständen auf. Ihr Denken und Handeln unterliegt im privaten wie auch im beruflichen Bereich einem subjektiven Wissensgemisch, das sich als Alltagstheorie im Handeln und Deuten der Umwelt ausdrückt. Alltagstheorien oder subjektive Theorien sind stabil und nur schwer veränderbar, da sie im eigenen Denk- und Wertgebäude verankert sind. Dadurch wird das schulische Lehr- und Lernhandeln oftmals nicht durch rationale Entscheidungen bestimmt, sondern durch das, was beim eigenen Lernen und in der eigenen Erziehung als befriedigend, förderlich oder glückhaft erlebt worden ist.

Damit die Lehrperson Lernen nicht nur aus einem unreflektierten Wissensgemisch heraus zu organisieren versucht, muss sie ihr eigenes Lernen, ihre Lernbiographie kennen. Zwar sind Alltagstheorien notwendig, da sie handlungsleitend sind und erst handlungsfähig machen. Doch sie allein reichen nicht aus, um das Lernen der Schüler den wechselnden Erfordernissen entsprechend erfolgreich zu gestalten. Es ist daher nötig, dass sich die Lehrperson auseinandersetzt mit ihrem persönlichen Lernen, dem eigenen Lernstil sowie den Formen, wie sie für sich selber am besten Wissen, Verhaltensweisen und Problemlösungen entwickelt und verarbeitet. Sie sollte sich auch im klaren darüber sein, in welchen Situationen, unter welchen Bedingungen, in welchen Altersabschnitten und zu welchen Inhalten der Zugang gefunden wird. Die lerngeschichtliche Selbstreflexion als Rekonstruktion alltäglicher Lehr- und Lernprozesse weckt ein vertiefteres Verständnis für den eigenen Lernprozess und die persönlichen Lernvoraussetzungen.

Durch das Erkennen alltäglich verwendeter Lernmuster und das Aufarbeiten alter Lernerfahrungen wird der Weg zum Lernen der Schüler und Schülerinnen zugänglich. Erst wenn der Lehrende weiss, was für ihn selber Lernen bedeutet, kann er auch Verständnis für die Lernprozesse der Schüler erlangen und die Lerninhalte prozessgerecht weitergeben. Die Formulierung des eigenen Lernverständnisses und der persönlichen Lerntheorie bilden Grundlage dafür, Lernen als Prozess zu verstehen, zu planen sowie zu organisieren und so die Auszubildenden auch bei ihrem Lernen zu unterstützen und ihnen beratend beizustehen. Das Bewusstmachen eigener Alltagstheorien erweitert und differenziert die Handlungskompetenz. Erst das Erfassen und Sich-Absetzen von den persönlichen Lerngrundsätzen und -gesetzen ermöglichen es der Lehrkraft, Lernen nicht nur aus ihrer Sicht zu steuern und zu organisieren, sondern den Schüler und die Schülerin bei ihrem individuellen Lernen zu begleiten und so ein lernförderndes Handeln aufzubauen.

3. Lernenlernen

Wenn Lernen lediglich als Aufnahme und Wiedergabe von Fakten verstanden wird, bleibt die Schule ein Ort, an dem nur eine Form von Lernprozessen gefördert und gefordert wird. Schule muss sich aber zu einem Zentrum für vielfältige Lerngelegenheiten entwickeln, das sich durch schülergerechte Lernarten und -situationen ausweist. Nur mit Hilfe der Lehrer und Lehrerinnen lässt sich diese Forderung erfüllen.

Aufgabe der Lehrkräfte ist es, mit gezieltem Lehren verschiedene Lernprozesse der Auszubildenden zu ermöglichen. Das Lernverständnis des Lehrers oder der Lehrerin bestimmt die Qualität des Lehrens und Lernens und trägt handlungsleitende Wirkung. «Die (subjektiv geprägte) Auffassung des Lehrers darüber, was Lernen ist und wie Lernprozesse verlaufen, besitzt u.E. nach einen entscheidenden Einfluss auf die Art und Weise, wie der Lehrer den Unterricht gestaltet.» (Landwehr 1984: 30) Deshalb ist es von grösster Bedeutung, welche Vorstellungen dieser über das Lernen des Schülers und der Schülerin in den Unterricht hineinträgt. Neben der Reflexion des eigenen Lernens soll deshalb auch das Schülerlernen reflektiert werden, womit eine bedeutende Erweiterung des Lernverständnisses erreicht wird. Erst die Kenntnis persönlicher Lernformen der Auszubildenden befähigt nämlich, die Lernenden mit einer gegenstandsbezogenen Lernart an einen Inhalt heranzuführen oder sich selbsttätig mit dem Stoff und dem Lernprozess auseinanderzusetzen. Jede erfolgreiche Lehrkraft muss sich deshalb eingehend mit dem Lernenlernen – der Lernarbeit der Auszubildenden – beschäftigen.

3.1 Begriff und Bedeutung

«Lernenlernen ist der moderne Ausdruck für das frühere «formale» Lernen, das in der Pädagogik seit langem eine wichtige Rolle spielt. Das sparsame formale Lernen steht dem aufwendigen materialen Lernen von inhaltlichem Viel-Wissen gegenüber.» (Meier 2/1989: 161)

In Bezug auf das formale Lernen bestanden Erwartungen, dass durch das Lernen und Üben in einem Lernfeld spezifische Transferwirkungen in anderen Bereichen erreicht oder sich mindestens günstig auswirken würden. Doch wie sich zeigt, bleiben selbst unspezifische Transfers begrenzt. Besonders im Anfängerstadium wird sichtbar, dass eine angewandte Wissensnutzung und ein Transfer kaum vorhanden sind. Meist können die Lernenden die Übertragung bestehenden Wissens oder

Informationen in einer veränderten Lernsituation weder erkennen noch umsetzen. Sie bedürfen deshalb nutzungsbezogener Hilfen, die Transferleistungen ermöglichen. Lernenlernen bedeutet somit auch Lernförderung, die Lernerleichterung und -nutzung durch den bewussten Einsatz von Lehr-/Lernstrategien bewirken soll, und erhält insbesondere bedeutenden Stellenwert durch das mehr und mehr geforderte selbständige, autonome und lebenslange Lernen. Dieses wird erst möglich, wenn der Schüler fähig ist, eigenes Lernen zu überdenken, daraus die notwendigen Vorkehrungen zu treffen und brauchbare Lernstrategien anzuwenden. Dem Schüler soll Lernen als Problem bewusst werden, indem er den eigenen Lernprozess reflektiert, Einsicht in ihn erhält und sein individuelles Lernverhalten steuern kann. Dabei soll dieses Wissen an zu bearbeitenden Lerninhalten erworben werden, indem mit dem Wissenserwerb auch das Lernen dieses Inhaltes gelernt wird.

Lernenlernen beinhaltet somit verschiedene Zielsetzungen. Einerseits wird beabsichtigt, vor allem kognitives Lernen zu lehren und lernen, anderseits werden mit bewusst vollzogenen und reflektierten Lernvorgängen Einsichten in die eigenen Lernprozesse erworben und eigenes Lernverhalten und damit verbundene Lernstrategien selbständig und adäquat gesteuert. Lernenlernen meint also «die Aneignung, Verbesserung und Anwendung jener Kenntnisse und Fertigkeiten, die sich auf die Realisierung effizienten (leichteren, besseren, effektiveren, rationelleren optimaleren,...) autonomen kognitiven Lernens beziehen.» (Schmid 1988: 198) Es dient der generellen Verbesserung der Fähig- und Fertigkeiten zum kognitiven Lernen (wie der Optimierung vieler Lerntätigkeiten, der Förderung der Lernkompetenzen und dem Lernen für künftiges Lernen, aber auch dem autonomen, autodidaktischen, selbständigen, individuellen und lehrerunabhängigen Lernen).

Die Schule sieht sich vor eine zusätzliche Aufgabe gestellt, denn mit Lernen als Lerninhalt werden mehr als materiale Ausbildungsziele angestrebt, und es bildet neben der expliziten Aufgabe der Förderung der Lern- und Denkfähigkeit nun auch selber einen Ausbildungsgegenstand. Der Schüler muss vermehrt an sein Lernen herangeführt und mit- und selbstverantwortlich für sein Lernverhalten gemacht werden, was zu einem höheren Selbstvertrauen in die eigenen Lernfähigkeiten führt.

3.2 Bedingungen

Sich mit kognitiven Prozessen – dem Denken über Denkvorgänge, Gedächtnisleistungen, eigenes Lernen – auseinanderzusetzen, bedeutet einen hohen Anspruch an alle Lernenden. «Metakognitive Selbstreflexion» (Weidenmann) stellt eine Grundvoraussetzung für Einsichten über den Lernprozess dar.

Lernen ist eng mit der Entwicklung und Persönlichkeit des Lernenden verknüpft. Die persönlichen Voraussetzungen wie auch vielfältige andere Aspekte beeinflussen den Lernprozess. Neben familialen, sozialen, kulturellen sowie beruflichen Bedingungen ermöglicht die Lernfähigkeit des lernenden Individuums, bestehendes gesellschaftliches Wissen und Handeln sich lehrend und lernend anzueignen und dieses für neue und persönliche Anforderungen zu modifizieren.

Die Entwicklung der Lernfähigkeit ist ein kultureller Prozess. Die Heranwachsenden nehmen aktiv teil an der Rekonstruktion von Elementen des Prozesses der gesellschaftlichen Lebensgewinnung. Im Zusammenhang mit dem schulischen Lernen steht die kognitive Lernfähigkeit oder Lernpotenz im Vordergrund. Sie kann als ein System habitueller Leistungsdispositionen bezeichnet werden, «das dem Individuum die denkerische, kognitive, bewusste Auseinandersetzung mit der Umwelt ermöglicht. Neben der hierarchisch strukturierten Gesamtheit der Denkfähigkeiten (üblicherweise mit dem Terminus «Intelligenz» bezeichnet) gehören zur intellektuellen Lernfähigkeit auch ausserintellektuelle Eigenschaften (z.B. Ausdauer, Lernmotivation, geistige Neugier), sofern sie den Erfolg bei der denkerischen Auseinandersetzung mit der Umwelt beeinflussen.» (Guthke in Schmid 1988: 77)

Die Lernfähigkeit stellt einen Bestandteil des Menschen und der menschlichen Entwickung dar und ist eng mit der Intelligenz gekoppelt. Als handlungsbezogener und kognitiver Rekonstruktions- und Erweiterungsprozess wird sie durch Anleitung, insbesondere aber durch Selbständigkeit gefördert. Sie kann deshalb auch als Fähigkeit zum autonomen, eigenständigen Lernen betrachtet werden, als ein Verfügen über ein Repertoire elementarer Lerntechniken und die Fähigkeit zur sachgerechten Organisation der Lernaktivitäten bezüglich der Lernaufgabe wie auch des diagnostizierten eigenen Lernzustandes.

Lernenlernen setzt eine zum vorherein bestehende Lernfähigkeit voraus. Lernenlernen kann nur, wer schon lernen kann; d.h. Lernen ist zumindest zu Beginn gar nicht lernbar, sondern muss als Disposition angeboren sein. Erste Formen des Lernens vollziehen sich unbewusst, automatisch und unreflektiert. Lernenlernen ist hingegen als bewusstes Lernen – und deshalb abhängig vom entwicklungspsychologischen Stand des Schülers – zu sehen. Die Lernfähigkeit, die der Lernende mitbringt, ist von grosser Bedeutung im individuellen Lernprozess und wirkt sich auf das Lernenlernen aus.

Im Lehrlingsalter bewegt sich die kognitive Entwicklung im Bereich der formal-logischen Operationen. Die Berufsschüler und -schülerinnen haben einen Stand im Lernen erreicht, der vor allem im Bereich der Lernstrategien und der Auseinandersetzung mit dem eigenen Lernen gefördert werden muss. Der Lernende kann deduktiv denken und Hypothesen aufstellen, aber auch gleichzeitig verschiedene lösungswichtige Faktoren eines Problems im Kopf behalten und sie miteinander verbinden, d.h. er kann durch abstrakte Denkvorgänge zu Erkenntnissen gelangen. Damit ist er in weitem Masse fähig, den Zugang zu eigenen Lernprozessen zu finden, sie zu reflektieren und daraus für sein persönliches Lernen Konsequenzen zu ziehen. Inadäquates Lernverhalten kann erkannt und somit auch verändert werden.

3.3 Reflexion des Lernens

Reflexion eigenen Lernens eröffnet Einsicht in den Lernprozess und hilft diesen steuern. Wissen, das lediglich über die Merkfähigkeit allein erlernt oder erdrillt wird, ohne dass Zusammenhänge aufgezeigt werden, geht schneller wieder verloren.

Auf Grund dieser Tatsache sollen Schülern mit dem materialen Lernauftrag auch Einprägungsstrategien und das Wissen über deren Wirksamkeit bzw. Anwendungsbereich beigebracht werden. Damit sind nicht nur all jene Routinen und Lösungsstrategien gemeint, die zur Bewältigung einer konkreten Aufgabe benötigt werden, «sondern darüber hinaus Kontroll- und Steuermechanismen zur Koordination, Planung, Sequenzierung und Verlaufskontrolle dieser Routinen und Strategien.» (Weidenmann 1986: 215) Erst eine breite Abstützung des Wissen über Lernprozesse hilft den Auszubildenden eigenständig Lernende zu werden, indem sie Strategien und Techniken zur Speicherung und Wiedergabe des Inhaltes in ihren Strukturen erkennen. Eigenständig Lernende verstehen es, ihre Kenntnisse und ihre kognitiven Strategien auch ausserhalb der Schule in Alltagsbereichen anzuwenden, während unselbständig Lernende zwar durchaus in der Lage sein können, in der Schule – zumindest teilweise – erfolgreich zu sein. Oft versagen sie aber im Alltag, d.h. bei der Anwendung ihres Wissens. Häufig beharren sie sogar auch in unangemessenen Situationen auf erlernten Strategien.

Reflexion über eigenes Lernen kann nicht von jedem Schüler und jeder Schülerin zu jedem Zeitpunkt erwartet werden. Die entwicklungspsychologische Situation, die persönlichen Voraussetzungen des Lernenden wie auch sein Umgang mit neuen Lernerkenntnissen und deren lernwirksamer Anwendung müssen Berücksichtigung finden.

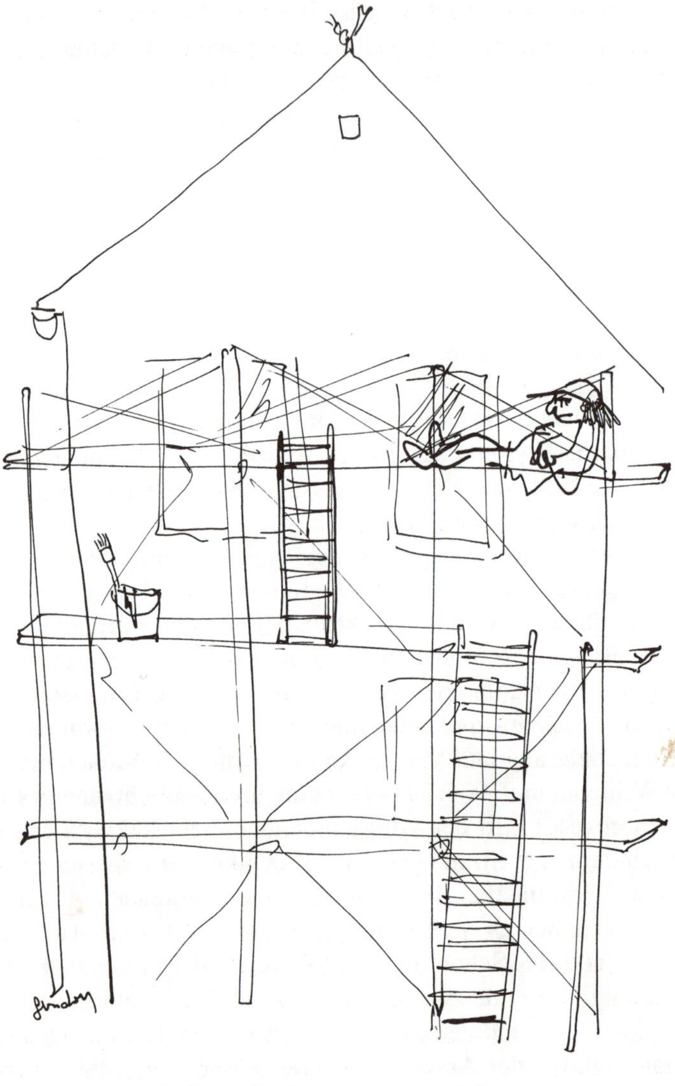

Selbstreflexion ist immer richtig

Lehrlinge und Lehrtöchter können sich auf Grund ihres Entwicklungsstandes vorstellen, dass sich beim Lernen Prozesse im Kopf abspielen. Lernen als Erfahrung wird zum Gegenstand metakognitiver Selbstreflexion, und der Lernende ist fähig zu Wissen und Kontrolle über eigene Lernprozesse. Er stellt sich Fragen wie «Wie lerne ich? Wie löse ich Aufgaben? Was tue ich eigentlich? Was liegt vor? Was wird von mir verlangt? Was ist wichtig? Was verstehe ich nicht?» Durch diese Formulierungen werden eigene Lernstrategien und individuelles Lernverhalten langsam bewusst, einsichtig, benenn- und diskutierbar. Die Lernabläufe oder das Problemlösungsverhalten werden durch systematisches Befragen unterbrochen, und ein Bewusstseinsprozess beeinflusst und begleitet im optimalen Fall das Lernen und ergänzt das lediglich mechanische Tun. Das Aneignen dieses Bewusstseinsprozesses, das bewusste, reflektierte Lernenlernen ist ein schwieriges Unterfangen, weil es eingebettet ist in den hochkomplexen, sich selbst dauernd verändernden Gesamtprozess des Lernens.

3.4 Lernstrategien und Lerntechniken

Lernenlernen basiert in einem ersten Schritt in der bewussten Auseinandersetzung mit dem eigenen Lernen. Dies allein hilft dem Schüler aber noch nicht weiter. Er muss auf der Lernerkenntnis aufbauend Formen und Wege finden, die ihn in seinem Lernprozess, seinem Lernverhalten und in seiner Lernförderung unterstützen. Dazu braucht er ein Instrumentarium, das ein anwendungsorientiertes Lernhandeln erlaubt. Lernstrategien bilden den groben Raster, den Lernhandlungsüberbau, und dienen zur besseren Nutzung des Fakten- und des Problemlösewissens wie auch der Informationsverarbeitung.

Mit Lernstrategien hat sich die Wissenschaft verschiedentlich auseinandergesetzt. «Lernstrategie ist der Plan einer Handlungsequenz, die auf das Erlernen von etwas gerichtet ist.» (Klauer 23/1988: 69) Lernstrategien stellen demnach eine Art Lernplan dar, nach dem eine Anzahl Lerntechniken sinnvoll verbunden, bewusst ausgewählt und der Situation angepasst eingesetzt werden. Bestehendes Wissen wird lerngerecht mit neuen Informationen angereichert und bildet eine wesentliche Grundlage für selbständiges, autonomes Lernen.

Lernstrategien sind Gedanken und Handlungsweisen während des Lernens, «die situationsgerecht ausgewählt und geplant eingesetzt, auf ihre Zweckmässigkeit hin kontrolliert und wenn nötig angepasst werden.

Hervorzuheben ist dabei besonders:

- Lernstrategien sind primäre Prozesse.
- Es sind überwiegend keine starren Abläufe oder Automatismen (z.B. im Sinne stur eingesetzter Lerntechniken), sondern Prozesse, die bewusst und kontrolliert ausgewählt, verwirklicht und angepasst werden, also Heuristiken." (Metzger 1989: 345)

Lernstrategien umfassen metakognitive, kognitive, lerninhalts- und lernbezogene sowie psychische Prozesse und situative Elemente des Lernens. Sie übersteigen das lediglich handwerkliche, lerntechnische Vorgehen beim Lernen und umschliessen das Lernumfeld und den eigentlichen Lernprozess als bewusste Auseinandersetzung mit dem Lernen. Die Metakognition richtet sich auf die Planung, Bewertung und Kontrolle des Lerngeschehens aus, aber auch auf die Art und Weise wie Informationen, Problemlösewissen aufgenommen, verarbeitet und gestaltet werden. Ebenso müssen die Analyse der Lernsituation und ihre Bewältigung miteinbezogen werden, um die Gefahr eines rein mechanischen Handelns zu umgehen. Nicht weniger bedeutsam ist die Berücksichtigung des Lernklimas als lernstrategisches Element, da die Lernumgebung mitgespeichert wird.

Zwei Formen von Strategien sind aufzuzeigen:

1. Primäre Strategien: Sie beziehen sich auf das Lernmaterial und seine Merkmale (wie etwa den Strukturiertheitsgrad einer Aufgabe) und umfassen die «Identifikation der Aufgabe sowie Verstehens-, Behaltens-, Rückruf- und Transferstrategien». (Büchel 2/1989: 184)
2. Supportstrategien: Sie sind für ein günstiges Lernklima und für den Erfolg der Primärstrategien verantwortlich. Dazu gehören die «Kultivierung einer positiven Einstellung, die Überwindung innerer und äusserer Ablenkung, die Selbstbeobachtung.» (Büchel 2/1989: 185)

Die Form der Lernarbeit ist demnach auch durch Persönlichkeitsmerkmale geprägt. Unklar bleibt, welche Kombinationen von Einstellungen, Haltungen und Strategien ermöglichen, optimal zu lernen. Sicher bilden Selbsteinschätzung, Arbeitshaltung, Belastbarkeit, Konzentrationsfähigkeit, aber auch Lernmethodik und Verbalität bedeutsame Faktoren erfolgreichen Lernens. Vor allem auf die Bedeutung sprachlicher Fähigkeiten für das Lernen muss hingewiesen werden. Diese nehmen kulturbedingt einen hohen gesellschaftlichen Stellenwert ein und wirken sich schon deswegen auf das Lernen aus. «Lesen und Schreiben werden als Kulturtechniken bezeichnet. Allen Unkenrufen zum Trotz, die angesichts des rasanten Vordringens der Bildtechnologien den Untergang der Schriftkultur voraussagen. Die Lerninhalte, die in unserer Gesellschaft für Erfolg stehen, werden heute noch verbal vermittelt, und eine radikale Trendwende ist unseres Erachtens nicht abzusehen. Unser Denken ist stark sprachgebunden.» (Stadelmann 1990: 214)

Klare Strategie klar im Bild . . .

Festzustellen ist, dass eine gute Sprachkompetenz bei Lehrlingen und Lehrtöchtern mit anspruchsvolleren Berufen häufig ausgeprägter ist als bei weniger qualifizierten Berufsgruppen. Sie unterstützt das Selbstbewusstsein und die Souveränität effizient und wirkt sich fördernd auf das Lernen und den Einsatz von Lernstrategien aus. Damit wird offensichtlich, dass die Lerntätigkeit auch stark von Persönlichkeitsfaktoren beeinflusst bleibt.

Zusammenfassend kann festgehalten werden, dass Lernstrategien einen ganzen Cluster von Bereichen umfassen, die auf der Bewusstseinsebene beim Lernen beachtet und strukturiert werden müssen. Die Metakognition meint das Bedenken und gezielte Planen des eigenen Lernens, bezogen auf alle Strategiebereiche, wie auch die fortwährende Kontrolle des Lernprozesses. Lernen als intentionales Lernen wird so zu einem bewussten Vorgehen. Es richtet sich auf das gezielte Aufnehmen, Verarbeiten und Verknüpfen von Informationen aus und gipfelt in der situationsgerechten Gestaltung der Informationen, sei dies beim Zuhören oder bei der Gliederung und Analyse eines zu erarbeitenden Textes. Ebenso sind auch psychische Strategien, verbunden mit dem Lernklima, zu berücksichtigen.

Gezieltes Lernen kann nicht nur auf die persönliche Bedürfnislage abgestimmt werden. Äussere Bedingungen erfordern oft eine Abgrenzung. Der Lernende muss sich selber sein persönliches Lernklima erarbeiten, d.h. eine Diagnose des eigenen Lernzustandes vornehmen und für Selbstmotivation, Konzentration oder einen Zeitplan besorgt sein. Damit wird klar, dass Lernen und die damit verbundenen Strategien geübt, eben gelernt werden müssen. Dies gilt insbesondere für die Reflexion des Lerngeschehens. Zwar kann jeder gelungene Unterricht, bei dem die Schüler und Schülerinnen Lernvorgänge bewusst vollziehen, ein Stück weit mithelfen, metakognitive Fähigkeiten oder Fertigkeiten zu entwickeln, also Einsicht ins eigene Lernhandeln zu erreichen. Doch dieses eher zufällige Lernen allein genügt nicht, vielmehr muss im Unterricht gezielt und langfristig auf das reflektierende Lernen, das Lernenlernen und das Anwenden von Lernstrategien hingearbeitet werden, denn Strategien sind lehr- und lernbar. Jedoch reicht ihre Vermittlung allein noch nicht aus. Erst mit der Übung der Fertigkeiten wie Planung, Überwachung, Diagnose, Korrektur und Bewertung des Lernens bilden sich mit der Zeit Automatismen, die das Lernen verbessern.

Die Lerntechniken bilden den feineren Raster als die Lernstrategien. Sie helfen, konkrete Lernschritte zu bewältigen, Automatismen zu fördern, das Behalten des Lerninhaltes zu vergrössern und gezieltes sowie effizientes Lernen zu verwirklichen (z.B. Auswendiglernen eines Textes oder von Vokabeln, Ausführen einer Grafik usw.). Sowohl die Lernstrategien wie auch die -techniken müssen mit den Lernenden an aktuellen Lerninhalten erprobt und selbständig angewendet werden, damit ihr Nutzen, ihre Grenzen und Anwendungsmöglichkeiten erfasst werden. Ziel der Auseinandersetzung ist schlussendlich das individuelle, autonome und selbständige Lernen, d.h. das schülerzentrierte, anstelle des lehrerzentrierten oder fremdbestimmten Lernens.

Der Lehrling oder die Lehrtochter muss beim Lernenlernen auf dem Wege zum selbständigen Lernen durch die Lehrperson begleitet werden, denn verschiedene zusätzliche Faktoren erschweren die Aneignung von Lernstrategien und -techniken. So sinkt beispielsweise bei steigender Vertrautheit mit der Berufsschule durch schulische Sozialisation kurzzeitig im 1. Lehrjahr die Arbeitshaltung, denn die Anpassung an die Schulsituation wirkt sich auf die Lernpersönlichkeit aus. Bei den ehemaligen Sekundarschülern ist dieser Abbau ausgeprägter als bei den Real- und

Oberschülern. Da sich bei allen jedoch gleichzeitig die Lehrerorientierung – bedingt durch einen anspruchsvollen Lehrplan – steigert, ist die negative Wirkung nicht gravierend. Doch bleiben insgesamt im 1. Lehrjahr bedeutsame Effekte bezüglich der Arbeitstechnik als Bestandteil eigenständigen Lernens aus. Dies mag u.a. auch damit zusammenhängen, dass Anfänger wenig Verbindungen zu schon vorhandenem, auch angewandtem Fachwissen herstellen können.

Die Schüler und Schülerinnen müssen deshalb langsam und während der ganzen Lehrzeit abgestuft mit Arbeits- und Lerntechniken vertraut gemacht werden. Dabei geht deren Aneignung eng mit dem Schulprozess, der bestehenden inhaltlichen Kompetenz, der Persönlichkeitsbildung und der Förderung der sprachlichen Kompetenz einher. Bei der Lernanleitung müssen wesentliche Lernfaktoren mitberücksichtigt werden, damit eine differenzierte Einführung und eine anwendungsorientierte Handhabung der Lerntechniken erreicht wird. Nur wenn der Auszubildende durch kluge Anleitung und gezieltes Lernenüben gefördert wird, er den Nutzen seiner Bemühungen um dieses neue, von der Schulkultur angebotene Werkzeug versteht und auch erfährt, ist er gewillt, den anstrengenden Weg der Lernförderung auf sich zu nehmen. Deshalb ist es notwendig, dass sich die Lehrkraft eingehend mit dem Lernenlernen und dessen Vermittlung beschäftigt, damit sie dabei dem Lernenden eine angemessene und optimale Hilfeleistung bieten kann.

3.5 Lernenlernen und Unterrichtsgestaltung

Mit der Vermittlung des Lernenlernens werden im Unterricht die notwendigen Grundlagen für das Wissen über die Aneignung von Informationen aller Art geschaffen. Deshalb soll bei der Unterrichtsplanung und im Unterricht Lernenlernen einen festen Stellenwert erhalten:

- Der persönlichen Erfahrung ist breiter Raum zu gewähren.
  Die Lehrkraft soll als Lehrende zwar Anregungen geben und eine aktive Rolle einnehmen, jedoch dem Schüler für das Entdecken, das Herausfinden und Entwickeln eigener Lernstrategien und -techniken ausreichend Zeit und Raum lassen.
- Lernstrategien müssen einsichtig sein.
  Mit der Lernförderung vermittelte Strategien müssen für den Schüler und die Schülerin einsichtig, sinnvoll und nutzbringend sein.

- Nützliche Lernroutinen der Lernenden sind zu unterstützen.
  Bestehende Lernroutinen laufen automatisch ab und sind jederzeit verfügbar. Durch das Lehren des Lernenlernens dürfen sie nicht entautomatisiert und/oder abgebaut, sondern müssen unterstützt werden.

- Inadäquates Lernverhalten darf nicht eingeschliffen werden.
  Den Lernprozess erschwerende Verhaltensweisen sind zu verhindern, indem das störende Verhalten einsichtig gemacht wird.

- Lernerleichternde Vorgehensweisen müssen an aktuellen Lerninhalten gründlich gelernt und vielfältig angewendet werden.
  Prozessorientiertes Lernen und die damit verbundene Einsicht in Lernstrategien und -techniken können nur wirksam werden, wenn die durch Erkennen oder durch Vermittlung gewonnenen Lernverhaltensweisen auch selbständig geübt werden.

- Der Nutzen und der begrenzte Anwendungsbereich der Lernstrategien und -techniken muss bekannt, einsichtig und erfahrbar sein.
  Der Schüler oder die Schülerin darf nicht darüber hinweggetäuscht werden, dass bestimmte Lernstrategien nur begrenzte, also keine generelle Wirksamkeit haben und somit verschiedenste erlernt werden müssen, um alle Lernansprüche abdecken zu können.

- Der Lernerfolgskontrolle, der selbständigen Steuerung, Überwachung und Regulation der angewendeten Lernverhaltensweisen ist grosse Bedeutung beizumessen.
  Lernen ohne Kontrolle und Reflexion des eigenen Lernverhaltens führt zu einem reinen Nützlichkeitsverhalten und erschwert den Transfer auf andere Lernbereiche in Schule und Alltag.

- Der gemeinsame und individuelle Lernprozess muss Gegenstand des Lernens sein, begleitet von individueller Beratung.
  Lernen – auch das Lernenlernen – ist ein individueller Prozess, der nicht nur durch Klasseninterventionen gesteuert werden kann. Beim Lernen sind die persönlichen Lernvoraussetzungen und die persönlichen Lernformen jedes Lernenden zu beachten und individuell zu fördern.

Damit Lernstrategien und -techniken situationsgerecht für das Aufnehmen und Verarbeiten von Informationen angewendet werden können, müssen die Auszubildenden gezielt an das Lernen herangeführt werden. Dies kann z.B. durch die unmittelbare Lernanleitung zusammen mit einem Unterrichtsthema erfolgen. Anhand des Lerninhaltes werden die notwendigen Lerntechniken eingeführt, indem die Lehrkraft Aufgaben derart gestaltet, dass im Inhalt lerntechnische Elemente eingebunden sind, die vom Schüler durch mehrmaliges Wiederholen integriert werden. Unbewusst wird damit effizienteres Lernverhalten angeeignet. Diese Form von Lernenlernen findet sich auch oft in Lehrbüchern.

Vor allem aber sollen Berufsschülern und -schülerinnen benutzte Lernstrategien bewusst werden. Der vermittelte Einblick in die Lernmuster hilft ihnen, die entsprechende Lerntechnik für den eigenen Lerntyp anzuwenden. Dies ist der Ansatzpunkt für selbständiges Lernen. Die Lernenden bauen eigene, adäquate Lernwege auf und fördern sich selbst. Der breite Weg eigenverantwortlichen Lernens – von der Formulierung interesseorientierter Themen bis zum Erreichen der angestrebten Ziele dank sinnvoll geplantem Vorgehen – führt die Auszubildenden schlussendlich zu selbständig Lernenden mit geeigneten Formen des Selbststudiums. Der Lehrkraft fällt vermehrt die Aufgabe zu, ihre steuernden Aktivitäten zugunsten einer passiven Didaktik zurückzunehmen und individueller Hilfe Platz zu machen.

4. Lehrergesteuertes und schülerorientiertes, selbständiges Lernen

4.1 Fremdgesteuertes Lernen

Schulisches Lernen ist ein vielfältiger, von verschiedensten Faktoren abhängiger Prozess. Offensichtlich ist, dass Lernen nur vom Lernenden selber geleistet werden kann. Die Schule und damit die Lehrperson können zwar optimale Lernvoraussetzungen im Rahmen der Möglichkeiten schaffen, Lernen selber aber ist ureigenste Schülertätigkeit und ohne Lernwille des Schülers unmöglich. Diese Voraussetzung weist auf ein schulisches Dilemma hin. In der Schule sollte der Schüler nämlich jederzeit lernen, d.h. lernen wollen, da Lernen und dessen Organisation eine Hauptaufgabe der Schule darstellt. Wenn sich der Schüler jedoch willentlich auf den Lernprozess einlassen soll, müssen Schule und Unterricht so gestaltet sein, dass das Interesse des Schülers am Lernprozess geweckt wird. Dies wiederum bedeutet, dass der Lerninhalt sich auch nach dem Schüler auszurichten hat, d.h. schülerorientiert sein muss. Durch die von Gesellschaft und Staat vorgegebenen Bedingungen (wie

Lehrplan, Schulräume, Lehrperson) werden aber auch fremdorganisierte Formen des Lernens verlangt, und ein lehrergesteuertes Lernen kann nicht ausgeschlossen werden. Es fusst auf der bis anhin der Schule zugeteilten, traditionellen Funktion: «In der Schule als autoritärem System bestand die Planungsaufgabe der Lehrenden darin, die amtlichen Vorgaben aus eigener Sachkenntnis zu interpretieren, sie zum Gebrauch der Lernenden didaktisch zu reduzieren, aus der eigenen Vorstellung von den Lernenden nach Anknüpfungspunkten, Anschauungs- und Trainingsmedien, methodischen Kleinschritten zu suchen, immer auch im Hinblick auf Prüfungsmöglichkeiten.» (Schulz 6/1990: 39)

«Schülerorientierte Lerninhalte»

Die Schule als Instanz der Informationsvermittlung betrachtete bis anhin die Lehrorganisation als zentrale Aufgabe. Neben den grundlegenden Erkenntnissen bezüglich der Bedeutung des Lernwillens des Schülers haben sich inzwischen aber auch die gesellschaftlichen Bedingungen tiefgreifend verändert. Zwar ist Schule nach wie vor eine staatlich vorgegebene Institution, die bestimmte Ziele, Lerninhalte und die Sozialisierung der Schüler anstrebt. Die derzeitigen Ansprüche der Gesellschaft und der Wirtschaft erfordern jedoch eine Anpassung der Lerninhalte und ein erweitertes Lernverhalten bei Schülern und Schülerinnen und zukünftigen Arbeitnehmern. Der Aufbau eines Wissen, das zur Bewältigung fast lebenslänglich gleicher Fertigkeiten befähigt, ist zu schmal geworden. Wohl ist nach wie vor ein breites Basiswissen, verbunden mit einer berufsbezogenen Allgemeinbildung, eine absolute Notwendigkeit. Doch dieses Wissen trägt nicht mehr nur die Funktion, geforderte Fertigkeiten zu beherrschen, sondern soll auch Flexibilität ermöglichen, um sich den rasch ändernden (wirtschaftlichen) Anforderungen anpassen und neues Wissen integrieren zu können. Zusätzlich sind im Hinblick auf selbständiges Handeln Schlüsselqualifikationen (wie Eigenverantwortung, Entscheidungs- und Kommunikationsfähigkeit, Prozesslöseverhalten, Umgang und Arbeitsbereitschaft im Team) gefordert. Selbständiges Handeln kann aber nur gelingen, wenn der Schüler dazu hingeführt und ihm auch die eigenständigen Möglichkeiten dazu gegeben werden. Neben dem lehrergesteuerten wird deshalb heute auch schülergesteuertes Lernen erwartet, und Lehren und Lernen verlaufen als parallele Prozesse.

4.2 Selbständiges Lernen

Besondere Bedeutung fällt dem selbständigen Lernen zu. «Selbständig lernen heisst: selbst über Ziele, Inhalte, Methoden, Rhythmus, Medien bestimmen, also den Lernprozess weitgehendst selber zu steuern.» (Goetze 1990: 7) Zwar bilden selbständiges Lernen, Selbständigkeit an sich und Autonomie einen festen Bestandteil und eine fast unerschütterliche Zielsetzung unserer Bildungstradition, doch die Modernisierungsprozesse, welche anstelle traditioneller Bindungen selbstverantwortliches, autonomes Handeln verlangen, rufen erneut nach Selbständigkeit. Die Schule muss darauf reagieren und entsprechende Hilfe leisten.

Die Selbständigkeit und selbständiges Lernen erfordern eine Auflösung liebgewordener schulischer Lernbedingungen. Die Lehrperson als dominierende Lehrorganisatorin muss ihre Lehr- und Lernverhaltensweisen ergänzen, indem sie die Lernenden sowohl in die Stoffauswahl, die Planung, die Durchführung, die Aneignung der Lerninhalte und die Evaluation des Unterrichtes miteinbezieht. Zudem sollen die festgelegten räumlichen und methodischen Vorgaben den veränderten Lernvorstellungen angepasst werden. Schule hat sich zum Lernarbeitsplatz und Lebensraum zu wandeln, an dem die entsprechenden Ressourcen zur Verfügung gestellt werden. Somit wird selbständiges Lernen «von der grundlegenden Idee getragen, die historisch gewordene Absonderung von Lernen und Leben aufzuheben und dadurch die Chancen für ein situationsbezogenes, lebenspraktisch bedeutsames, intrinsisch motiviertes Lernen zu erhöhen.» (Terhart 1989: 127)

Selbstgesteuertes und selbstgestaltetes Lernen

Auch die Lernenden sind aufgerufen, Verantwortung für ihr Lernen wahrzunehmen. Sie planen ihre Ziele sowie Inhalte, ihre Lernformen, ihren Lernweg sowie ihren Lernraum selber und setzen auch ihr individuelles Lerntempo fest, d.h. sie fällen unterrichtsbezogene Entscheidungen, bestimmen den Unterricht mit und werden so zum selbsttätigen Subjekt. Die Anforderungen an den Schüler und die Schülerin bezüglich Lernen werden mithin gesteigert. Sie haben sich neben dem eigentlichen Lernverlauf auch mit ihrem Lernprozess, den unterstützenden Lernstrategien und -techniken sowie dem Lernenlernen bewusst zu beschäftigen. Dadurch wird für die Lernenden erlebbar, dass ihre Mitarbeit ernstgenommen wird, und sie erfahren so auch, dass sie für die Schule wichtig und Subjekt des eigenen Lernprozesses sind. Natürlich hat die Schule – die Lehrperson – hier Entwicklungs- und Aufbauarbeit zu leisten. Auch selbständiges Lernen will gelernt sein. Deshalb sind die Lernenden ins selbständige Lernen einzuführen und dazu anzuleiten. Der Weg dazu kann sich nur auf einem Kontinuum vom lehrergesteuerten zum selbständigen Lernen bewegen:

Selbständiges Lernen

Lehrergesteuertes Lernen → **Schülerorientiertes selbständiges Lernen**

Diese Entwicklung gilt sowohl für das Lernverhalten und die damit verbundenen Kompetenzen wie auch für die Festlegung der Ziele und die Auswahl der Lerninhalte.

Der schrittweisen Förderung der Lernkompetenzen ist Beachtung zu schenken, denn diese bilden das ausbaufähige Gerüst für das Lernenlernen.

Mit Lernkompetenzen sind gemeint:
- Kognitive Kompetenz: Selbständige Lerner verfügen über intelligentes Sachwissen.
- Sozial-kommunikative Kompetenz: Selbständige Lerner verstehen es, von und mit anderen zu lernen.
- Metakognitive Kompetenz: Selbständige Lerner verfügen über ein Wissen über Zielsetzung, Planung, Steuerung und Kontrolle von Handlungen, über verschiedene Strategien und über sich als reflektierende Lerner.
- Motivation: Selbständige Lerner sind an der Sache und am eigenen Lernen interessiert.

(nach Guldimann 1991: 1)

Parallel zum Aufbau dieser Kompetenzen sollen die Auszubildenden befähigt werden, ihre Ziele und Lerninhalte selber festzulegen. Sie werden dort abgeholt, wo sie mit ihrem Lernenkönnen stehen. Nur über eine schrittweise, individuelle Lernförderung kann Selbständigkeit erreicht werden. Den Einstieg erleichtern kann neben situativ selbständigem Lernen auch der Nachvollzug vorgegebener Planung und Ausführung.

Anhand schriftlicher Planungsunterlagen und Modellen können Lern- und Arbeitsschritte unter Anleitung und Kontrolle der Lehrperson erklärt und nachvollzogen werden. Lediglich die Lernaktivitäten werden selber gesteuert. Das selbständige Lernen wird mehr und mehr partizipativ ausgeweitet und transparent gemacht. Schliesslich führt der Schüler oder die Schülerin die Planung, Durchführung und Kontrolle eines Lerninhaltes und -prozesses eigenständig durch. Über dieses planmässige Schulen wird der Schritt zum selbständigen Lernen langsam aber stetig vollzogen.

Einen weiteren, sehr anspruchsvollen Schritt stellt das lehrende Lernen dar. Die Auszubildenden vermitteln ihr Wissen an die Mitschüler. Das Weitergeben und Erklären fordert vom Lehrenden, seine Kenntnisse und Fähigkeiten in einen klaren und nachvollziehbaren Zusammenhang zu bringen, damit der Lernende versteht.

4.3 Erfolgreiches Lernen

Selbständiges Lernen orientiert sich an den jeweiligen Fähigkeiten, Bedürfnissen und der Persönlichkeit des Schülers und der Schülerin, aber auch an der Einschätzung des Lernnutzens durch die Lernenden. Die Frage nach dem Nutzen des Lernens vermag das angesprochene Dilemma zwischen lehrergesteuertem und schülerorientiertem Lernen zumindest teilweise zu lösen. Da der (Berufs-)Schüler in der Ausbildungssituation die Konsequenzen lediglich bedürfnisorientierten Lernens auf seine zukünftige (Berufs-)Tätigkeit nicht völlig abzuschätzen vermag und dies auch weiss, ist er auf das Ausbildungsangebot der Schule und die Fähigkeiten der Lehrenden angewiesen. Selbständiges Lernen allein genügt nicht. Vielmehr muss es durch sinnvoll lehrergesteuertes Lernen weiterentwickelt werden. Beide stehen in gegenseitigem Wechselverhältnis, denn autonomes Lernen verlangt wiederum nach unterstützendem und gelenktem Lernen.

Lernen in der Schule kann sich also nicht lediglich nach den Lernbedürfnissen und Interessen der Lernenden ausrichten. Zudem übernimmt die Schule nach wie vor einen verpflichtenden Bildungs- und Ausbildungsauftrag, dem sowohl die Schüler und Schülerinnen als auch die Lehrpersonen nachzukommen haben. Die Lehrenden bleiben in bestimmten Bereichen Lehr- und Lernorganisatoren, die die Planung des Lernens, die Gestaltung des Lernplatzes, die Form der Lernaktivitäten und den Einsatz der Mittel und Wege vornehmen, aber auch die Motivation und die damit verbundene notwendige didaktische Unterrichtsgestaltung durchführen sowie die sich ergebenden Lernkontrollen verwirklichen.

Lehrergesteuertes Lernen erfordert von der Lehrkraft eine breite Kenntnis der Lernprozesse der Schüler und die Beherrschung unterrichtlicher und lernbezogener Techniken und Verhaltensweisen, um optimale Lernsituationen zu planen und den von den Lernenden erwarteten grösstmöglichen Lernerfolg zu sichern. Die Lehrperson wird mit ihrer ursprünglichsten Rolle konfrontiert, die hohe Professionalität erfordert,

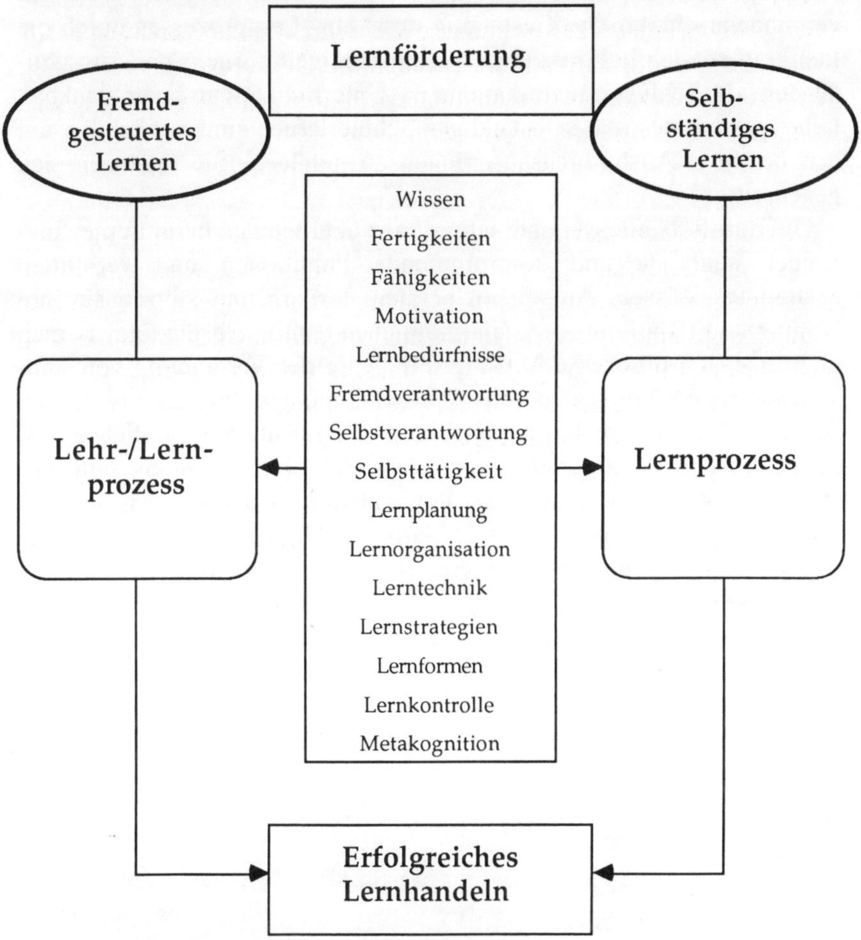

und übernimmt Verantwortung für das Lernen der Auszubildenden und deren Vorwärtskommen. Wenn es der Lehrkraft gelingt, das Lerninteresse des Schülers durch Unterstützung, Förderung, gekonntes Planen und mit Hilfe didaktischer, pädagogischer und psychologischer Massnahmen zu wecken, so sind diese auch bereit, Lerngelegenheiten zu ergreifen und zu entwickeln. Diese Form gelenkten Lernens kann als Mittel und Weg für den Aufbau und die Entwicklung selbständigen Lernens angesehen werden.

Auch im Berufsbildungswesen ist schulisches, oder besser Ausbildungslernen, auf beide Formen – auf lehrergesteuertes und schülerorientiertes, selbständiges Lernen – angewiesen, um die Ansprüche so breit wie möglich abzudecken. Ohne Informationsvermittlung und die damit verbundene didaktische Gestaltung des Lehr-/Lernprozesses durch die Lehrkraft sowie die Förderung des selbständigen Lernens der Auszubildenden als Schlüsselqualifikation, ist Unterricht nicht mehr denkbar. Lehrergesteuertes *und* selbständiges Schülerlernen sind notwendig, um den heutigen Ausbildungsansprüchen zu genügen. Sie ergänzen sich gegenseitig.

Die Berufsschullehrer und -lehrerinnen übernehmen beim Lernen planende, steuernde und kontrollierende Funktionen und vermitteln bestimmtes Wissen. Ausserdem beraten, fördern und stützen sie ihre Schüler und Schülerinnen. Sie ermöglichen damit selbständiges Lernen und setzen Lernprozesse in Gang. Mit Hilfe der Verbindung von selbständigem und lehrergesteuertem Lernen gelangen die Auszubildenden schliesslich zu optimalen Lernerfolgen, die es ihnen ermöglichen, das berufliche Ausbildungsziel zu erreichen. Für die Lehrperson stellt das ständige Pendeln zwischen gezielter Anleitung und prozessgewährendem Begleiten eine nicht einfache Aufgabe dar, die von ihr eine offene pädagogische Haltung und ein breites Repertoire an hilfreichen Lehr- und Lernformen verlangt.

III. UNTERRICHTSFORMEN IM ÜBERBLICK

Neben guten Kenntnissen der Lehrperson über Lernprozesse hilft ein breites methodisches Repertoire mit, unterstützende Lernvoraussetzungen zu schaffen und den Auszubildenden den Zugang zum eigenen Lernen und zu den damit verbundenen Formen und Strategien zu erleichtern. Die Lehrformen, welche die Lehrkraft anbietet und benutzt, bilden gleichzeitig auch eine Grundlage und ein Steuerungselement für die Lernformen des Schülers und der Schülerin. Die Gestaltung des Unterrichts und der Lernprozesse durch die Lehrperson trägt insgesamt wesentlich zum Lernen der Auszubildenden bei.

Zwar seltener, aber immer noch, wird in der Praxis u.a. die irrige Meinung vertreten, dass der Schüler oder die Schülerin nur durch die Lehrperson gesteuert zum Lernen motiviert wird oder überhaupt lernt. Untersuchungen zeigen, dass die Gestaltung des Unterrichts und die Steuerung der Lernprozesse nach wie vor mehrheitlich in den Händen der Lehrkraft liegen, die formend aktiv wird. Schon beim Unterrichtseinstieg lässt sich feststellen, dass rund 75% der Unterrichtseinheiten durch die Lehrer und Lehrerinnen frontal, also von ihnen initiiert, eröffnet werden. Lehrerzentrierte Verfahrensweisen dominieren, mit denen oft beabsichtigt wird, einen fast stromlinienförmigen Lerngleichschritt im Unterricht zu verwirklichen und einen scheinbar schnellen und gleichmässigen Lernerfolg zu sichern. Offensichtlich orientieren sich viele Lehrkräfte immer wieder an ihren schulmethodischen Erfahrungen und an vertrauten Formen. Auf der Sekundarstufe I wird zu 77% (Hage 1985: 61) frontal unterrichtet, und der gesamte Unterricht ist häufig auch lehrergesteuert aufgebaut. Die Hauptaktivität geht von der Lehrperson aus; die Schüler und Schülerinnen nehmen die Intentionen auf und äussern oder verhalten sich entsprechend. Lernen wird so lediglich als Funktion des Lehrens verstanden. Einzig auf die vermuteten Lernprozesse oder die zu vollziehenden Lernschritte aller Auszubildenden werden die entsprechenden Lernhilfen ausgerichtet. Die Lernenden bleiben «Belehrungs-Objekt». (Bohnsack) Ihre Lernsituation, ihr Lernen, ihre Bedingungen und Interessen werden nicht aufgenommen und integriert, sondern als Klassendurchschnittsinteresse in den Unterrichtsablauf einbezogen und bei der Lernplanung berücksichtigt.

Eine «methodische Monokultur» (Terhart) mit einseitig klassenorientiertem Lernen erschwert jedoch den Zugang zum Lerninhalt und zum eigenen Lernen. Vielfältigere Lehr- und Lernformen hingegen versprechen einen optimaleren Lernerfolg. Die persönlichen Bedingungen, die Lernarten, der Lerntyp und die Leistungsfähigkeit des einzelnen Schülers und der einzelnen Schülerin, aber auch der Weg zum selbständigen Lernen sollen deshalb bei der Unterrichtsplanung miteinbezogen werden, denn die Entscheidungen für eine bestimmte Lehr-/Lernform gemäss den Vorstellungen über Lernen beeinflussen massgebend das Lernresultat. Lehren als geplanter Einsatz von Vermittlungsstrategien und organisiertes Benützen von Methoden ist als Arrangement der äusseren Bedingungen zu verstehen, das den Lernprozess der Auszubildenden anregt oder Lernen insgesamt auslösen und unterstützen soll.

Der Lehrer als Dirigent – Frontalunterricht

Die für eine optimale, lernerorientierte Unterrichtsgestaltung eingesetzten Lehr- und Lernformen als reflektierte, erfahrungsbezogene und theoriegeleitete Handlungsregeln des Unterrichtens, richten sich nach den Zielen, dem Lerninhalt, dem Lernen und den pädagogischen Bedingungen aus und helfen mit, Lernkompetenzen aufzubauen, Inhalte fassbarer zu machen und Lernprozesse der Schüler und Schülerinnen anzuregen, zu planen und zu unterstützen, ja Lernen zu provozieren. Methoden sind nicht neutrale Unterrichtswerkzeuge, sondern von verschiedensten Faktoren (z.B. schulstrukturellen Bedingungen) abhängig, die bei der Wahl miteinbezogen werden müssen. Insbesondere jedoch liegt die Berücksichtigung und Anwendung einer bestimmten Lehr-/Lernform im Ermessen der Lehrkraft, von der breite Methodenkenntnis erwartet wird, beruht doch die Anwendung einer bestimmten Methode in der Regel auf ihren Vorentscheiden.

Von den Lehrpersonen wird unterrichtsmethodische Handlungskompetenz gefordert, die keineswegs Selbstinszenierung, sondern gesteuertem und selbständigem Lernen und der Persönlichkeitsförderung der Schüler und Schülerinnen dient. Das methodische Handeln des Lehrers und der Lehrerin zeigt sich einerseits in der Planung des Unterrichts in bezug auf zielgerichtete Organisation der Arbeit, soziale Interaktion und sinnstiftende Verständigung mit den Auszubildenden zur vorhersehbaren Strukturierung des Lernens sowie des Lernprozesses und andererseits in der Intervention in unvorhersehbaren Unterrichtssituationen. Der Miteinbezug der aktuellen Lage erfordert den unmittelbaren Einsatz von Lehr- und Lernformen. Diese beiden Aspekte von unterrichtsmethodischer Handlungskompetenz sichern vor einer rein technokratischen Haltung und Planbarkeit von Unterricht und gestatten zugleich eine Hinwendung zum «Unverfügbaren im Unterricht». (Terhart) Aus der ständigen Unsicherheit heraus resultiert schliesslich auch ein immer wieder reflektierter Methodengebrauch.

Auf eine direkte Lernunterstützung durch eine bestimmte Methode lässt sich nicht schliessen, bestehen doch noch keine genauen Daten bezüglich der unmittelbaren Wirkungen aus *einer* Lehr-/Lernform, und der Einsatz von Unterrichtsmethoden kann sich zur Zeit auch nicht auf eine konsistente Theorie abstützen. «Es gibt bis heute kein umfassendes, theoretisch begründetes und zugleich praktisch hilfreiches Gedankensystem, das die möglichen Beziehungen zwischen bestimmten Formen des Lehrens und ihnen korrespondierenden Lernakten der Schüler überzeugend und ausreichend beschreiben würde.» (Wolfgang Klafki in Pütt 1981: 375) Erschwerend wirkt auch, dass es keine eindeutigen Aussagen darüber gibt, mit welchen Unterrichtsformen bestimmte Ziele und Inhalte am besten erreicht werden können, aber auch, dass viele Lehrkräfte nach wie vor – gestützt auf ihre Erfahrungen – die gleichen wenigen Methoden verwenden. «Wenn die These der Wechselwirkung zwischen Zielen, Inhalten und Methoden tatsächlich zutrifft, so kann daraus gefolgert werden, dass in der Regelschule fortwährend gravierende Kunstfehler gemacht werden. Denn hier werden ja... immer wieder neue, von ihrer Struktur her sehr unterschiedliche Inhalte mit den wenigen bekannten, in ihrer Struktur immer wieder gleichen Methoden traktiert. Wir haben in der Schule eine beeindruckende Vielfalt der Inhalte. Aber es fehlt an der korrespondierenden Vielfalt der Methoden.» (Meyer 1/1989: 9)

Die Lehr- und Lernformen als Bestandteil methodischer Unterrichtsgestaltung können also – bezogen auf ihre Wirksamkeit – nicht einer geschlossenen Theorie zugeordnet werden. Ihr Erfolg kann nicht absolut beschrieben werden, da sich auch die situativen Gegebenheiten der Schule und des Unterrichts wie die persönliche Befindlichkeit und Lage des einzelnen Schülers und der einzelnen Schülerin nicht absolut festlegen lassen. Es sind somit nicht klar definierte Kriterien, die die Wahl einer Lehr-/Lernform bestimmen, sondern das Lernen, der Lernprozess der Auszubildenden und die damit implizierten Ziele, der Lerninhalt, die momentane Unterrichtssituation und die eigene Unterrichtstheorie. Umso wichtiger ist die Berufskompetenz der Lehrkräfte, auf Grund derer die Lehr-/Lernformenwahl vorgenommen wird.

In der Praxis werden Unterrichtsformen oft auf der Grundlage eigener Unterrichtserfahrung gewählt, was mit entsprechender Professionalität und gezielter Reflexion eigenen unterrichtlichen Handelns einen guten Ausgangspunkt darstellt, insbesondere wenn bei der Formenwahl auch das lernstrategische Repertoire der einzelnen Schüler und Schülerinnen und die Erkenntnisse der Theorie berücksichtigt werden. Auch wenn Methoden nicht genau abschätzbare Wirkungen auf bestimmte inhaltliche Ausschnitte, auf bestimmte Arten und Qualitäten des Lernens haben, können sie dennoch für bestimmte Ziele mehr oder weniger hilfreich oder vorteilhaft sein. Vor allem aber müssen alle Unterrichtsakteure – Lehrperson und Auszubildende – auf eine effiziente Unterrichtsgestaltung mitbestimmend Einfluss nehmen können, sollen doch neben den von der Lehrkraft geplanten Lehrformen auch die Lernformen der Schüler und Schülerinnen Platz finden, die die Eigenaktivität fördern, Lernplanungs- und -handlungskompetenzen erweitern und individuelle oder gruppenorganisierte Lernarbeit unterstützen. Unterrichtliches Lernen darf schliesslich nicht erlitten, sondern muss aus der eigenen Person heraus reflektierend mitgestaltet werden.

Für den pädagogisch-didaktisch sinnvollen Einsatz bieten sich im Hinblick auf optimale Lernergebnisse lehrerorientierte und schülerorientierte Lehr- und Lernformen an, die in den nachfolgenden zwei Kapiteln überblicksartig beschrieben werden.

Im ersten Kapitel über lehrerorientierte Lehrformen werden nach einer allgemeinen Einführung neben einer kurzen Methodenbeschreibung die besonderen Merkmale der jeweiligen Form – die Qualitätskriterien – in Stichworten angeführt. Sie halten fest, welche Verhaltensweisen oder Lernvorgänge bei den Schülern und Schülerinnen durch die Methode ausgelöst werden, und sind teilweise ergänzt mit Hinweisen auf qualitative Wirkungen, die sie auf das Lehrverhalten der Lehrkraft ausüben. Sie sind vor allem bezüglich der optimalen Wahl und des Einsatzes einer Lehrform hilfreich. Die ebenfalls stichwortartig angeführten Verhaltensmöglichkeiten richten sich an die Lehrperson und geben Auskunft, wie die Lehrform eingesetzt werden kann und welche methodisch-didaktischen Verhaltensweisen ein möglichst erfolgreiches Lernen veranlassen. Sie zeigen aber auch auf, wie bei der jeweiligen Methode schrittweise vorgegangen werden kann.

Den schülerorientierten Lehr-/Lernformen ist das zweite Kapitel gewidmet. Nach allgemeinen einleitenden Worten werden die verschiedenen Formen dargestellt. Die inhaltlichen und qualitativen Kriterien sowie die Verhaltensmöglichkeiten der Lehrkraft bilden feste Bestandteile der Methodenbeschreibung und werden deshalb als integrative Elemente behandelt und in den Text einbezogen. In jedem Teilkapitel wird zuerst die jeweilige Methode vorgestellt und anschliessend das didaktische Vorgehen erläutert. Die Lernbiographie als Auseinandersetzung der Auszubildenden mit ihrer eigenen Lerngeschichte stellt keine eigentliche Unterrichtsmethode dar, sondern bildet vielmehr als Metakognition über individuelles Lernen die Grundlage für schülerorientiertes, selbständiges Lernen. Sie steht deshalb als erstes Teilkapitel am Anfang des Methodenbeschriebs.

Übersicht: Lehr-/Lernformen

Lehrerorientiert	**Schülerorientiert**
Präsentieren	Lernbiographie
Anschauen, Beobachten	Werkstattunterricht
In Phantasie erleben lassen	Fallstudie

Gespräch führen	Planspiel
Rollenspiel	Leittext
Üben als Wiederholen	Projektmethode
In Bilder umsetzen	Lernvertrag
Begriffe bilden	
Deuten	
Ideen sammeln	
Probleme lösen	
Mind mapping	
Notizen	
Wissen aneigenen	
Literaturclub	
Moderation	

1. Lehrerorientierte Lehr- und Lernformen

«Die Lehre hat dann eine Berechtigung, wenn sie Lernen fördert.» (Krapf 1992: 35) Lehrerorientierte Lehr- und Lernformen sind für die Lehrkraft ein Steuerungsmittel, Lernprozesse der Schüler und Schülerinnen in Gang zu setzen. Dabei wird davon ausgegangen, dass der Mensch zur Lebensbewältigung bestimmte Dinge lernen muss und ihn jemand durch Lehre an das wesentlich Lernnotwendige heranführt. Der Meister, der Wissende, nimmt die Rolle des Lehrers und Wissensvermittlers ein.

Für schnelles Aneignen von Fachwissen und -können birgt lehrergesteuertes Lernen wesentliche Vorteile in sich. Man weiss, dass Schüler und Schülerinnen, denen konzeptuelles und strukturelles Denken Mühe bereitet, mit einer vorgegebenen Gliederung des Lernverlaufs erfolgreicher arbeiten, indem der Lerninhalt durch eine effektive und effiziente Vermittlung durch die Lehrkraft besser aufgenommen wird. Forschungsergebnisse zeigen, dass mit direkten Lehrverfahren «in einer leistungsorientierten Lernumwelt auch tatsächlich die besten Lernleistungen erbracht werden, und dass der Lehrer am erfolgreichsten ist, der die zur Verfügung stehende Unterrichtszeit am besten für tatsächliches Unterrichten zu nutzen in der Lage ist.» (Terhart 1989: 84)

Die Aufnahme und das Behalten von Wissen oder die Effizienz bilden jedoch nicht die einzigen Kriterien für optimalen Unterricht. Andere und nicht weniger wichtige Lernziele – etwa die Kenntnis der Lernprozesse, die Entwicklung von Lernstrategien, die persönlichen Bedingungen, die Vermittlung von Haltungen und Werten, die Entwicklung des Schülers und der Schülerin – können (und sollen) auch bei der Wahl lehrerorientierter Methoden berücksichtigt werden. Im Zeitalter der individualisierten Gesellschaft, in welchem fast nur die lernwichtigen Eigenschaften des einzelnen im Vordergrund stehen und ganz klar definierte Anforderungen an den Menschen herangetragen werden, muss jede optimal gewählte Lehrform auch wertebildendes Verhalten wie Gemeinschaft und gegenseitige Achtung fördern. Diese Aufgabe vermögen auch lehrerorientierte Methoden zu erfüllen.

Gut eingesetzte Lehrmethoden lassen ein umfassendes Feld von Qualitäten und Qualifkationen zu. Dabei handelt es sich vor allem um offenere Formen, die – zwar von der Lehrkraft eingesetzt – den Schülern und Schülerinnen Mitbestimmung und Verantwortung für das eigene Lernen übertragen. Die Lehrperson inszeniert nicht mehr einen bis ins letzte voraussehbaren Unterricht, in dem die erwarteten Schülerantworten und -beiträge zum richtigen Zeitpunkt vorgebracht werden, sondern sie bietet Informationen an, steuert das Unterrichtsgeschehen und zieht auch die Selbststeuerung durch die Lernenden mit ein. Damit versucht sie, die institutionellen Rahmenbedingungen, den vorgegebenen Lektionsverlauf und die unabänderbare, widerspruchsfreie Präparation aufzuweichen, und lässt die Auszubildenden zu selbständigem Lernen und Arbeiten vorstossen. Ihre methodisch-didaktischen Vorgaben sind Hilfen, nicht Befehle. (Erkennbar wird dies gut bei der Moderation. Der lehrerorientierte Unterricht bleibt bestehen, jedoch werden die vertrauten und bewährten Methoden mit schülerorientierten Formen ergänzt. Der Lehrer oder die Lehrerin verändert ihren interventionistischen Unterrichtsstil zu einem steuernden, aber auch fördernden und stützenden. vgl. Kapitel III/1.16)

Der Anspruch an die Lehrperson ist bei einem derart geführten Unterricht hoch. Sie arbeitet lernsteuernd auf Grund ihrer Kenntnisse über die Wirkung von Steuerung und den Einfluss auf Lernprozesse. Gezielt eingesetzte lehrerorientierte Formen erfordern grundlegende Kompetenzen, und unreflektiertes, improvisiertes Handeln allein führt kaum zum Erfolg. Die lernsteuernden Lehrformen nehmen innerhalb des Unterrichts und bei der Aneignung bestimmten Wissens ihren notwendigen und berechtigten Platz ein, doch können sie ihre optimale Wirkung nur erreichen, wenn sie auch mit dem Unterrichtsverständnis der Lehrkraft und mit den schulischen und schülerbezogenen Bedingungen übereinstimmen.

Immer wieder stehen die lehrerorientierten Lehrformen in der Kritik. Zu oft werden sie lediglich als Bestandteil der Unterrichtsinszenierung verstanden, der emotionale Betroffenheit bei den Lernenden auslösen soll. Spannend gestalteter Unterricht, verbunden mit affektiven Begleitelementen, ist unbestrittenerweise lernunterstützend. Doch Attraktion allein darf nicht im Zentrum des Unterrichtens stehen, sondern bildet nur ein Element neben andern. Die Berücksichtigung sämtlicher Elemente aber muss den Ausgangspunkt auch für lehrerorientierte Formen bilden, d.h. dem Schüler und der Schülerin muss der Zugang zum Inhalt *und* zu sinnvollem Lernen eröffnet werden, und auch für lehrerorientierte Lehr- und Lernformen wird die Fähigkeit der Lehrperson, sich in die Position der Lernenden hineinzudenken, vorausgesetzt. Damit entkräftet sich der Einwand, Lehrformen oder lehrergesteuertes Lernen (die ja stark mit Informationsvermittlung verbunden sind) würden eigentliches Lernen und selbständiges Handeln eher behindern als unterstützen.

Ein weiterer Vorwurf besteht in der Kritik, die traditionellen Lehrformen forderten Lehrerinnen und Lehrern weniger ab als erweiterte und würden vor allem deswegen gewählt. Zwar können Lehrpersonen mit beschränkter pädagogischer Kompetenz mit üblichem Unterricht (der in der Regel lehrerorientiertem Unterricht entspricht) bessere inhaltliche Lernerfolge erzielen. Lehrergesteuerte Lehrformen gelten darum auch als besonders effizient für Anfänger und hilfreich für schlechte Lehrer und Lehrerinnen, und es haftet ihnen deshalb etwas Unprofessionelles an. Diese Einwände allein sprechen aber noch nicht gegen diese Formen an sich. Denn jede Methodenwahl, die nur auf Bequemlichkeit oder Unwissenheit beruht, vermag nicht zu befriedigen.

Die nachfolgenden lehrerorientierten Lehr- und Lernformen schliessen den engen, aber auch den erweiterten Methodengebrauch ein. Es finden sich viele vertraute Arbeitsverfahren, die weiterhin ihre unterrichtliche Bedeutung beibehalten, ja teilweise sogar Voraussetzung für jeden guten Unterricht sind. Zugleich sind aber auch erweiterte Lehrformen beschrieben, die dem Aufbau eines schülerorientierten Unterrichts dienen.

1.1 Präsentieren

Präsentieren ist eine elementare Lehrform, die in allen Fächern eingesetzt werden kann und sich als Grundlage für die Vermittlung von Informationen, für Erzählungen und Erklärungen eignet.

Die Präsentation eines Lerninhaltes umfasst zwei Ebenen. Auf der kommunikativen offenbart sich der Informant oder Erzähler weitgehend durch den Inhalt. «Die Absicht der verbalen Kommunikation ist darauf gerichtet, die psychischen Gehalte, die im Erzähler und Referenten lebendig sind, durch das Medium der sprachlichen Zeichen im Zuhörenden aufleben zu lassen. Nun kann dieser aber... in seinem Innern nur diejenigen Vorstellungen, Begriffe und übrigen Erlebnisgehalte aktivieren, die ihm schon zur Verfügung stehen.» (Aebli 1985: 48) Vor allem beim Erzählen wird nicht nur rational ein Sachverhalt dargestellt, sondern die Lehrperson wertet subjektiv, nimmt auf Grund ihrer Biographie einen persönlichen Standpunkt ein und füllt den Inhalt emotional auf. Auf der zweiten Ebene – der Beziehungsebene – passt sich die Lehrkraft der Entwicklungsstufe der Lernenden und der Situation der Klasse an und schafft durch den Inhalt eine emotionale Beziehung und geistige Nähe.

Wesentlich für die Präsentation sind die Verständlichkeit, die gedankliche Klarheit und eine fassbare Struktur. Sie beeinflussen den gesamten Lehr-/Lernprozess und die Lehrer-Schüler-Beziehung. Die Vermittlung neuer oder schwieriger Lerninhalte bedarf der Verständlichkeit und löst dadurch beim Schüler und bei der Schülerin auch Lernbereitschaft aus.

Qualitätskriterien:

- ➡ Vermittelt kognitive und auch emotionale Inhalte
- ➡ Stellt Inhalte, die eine besondere Darstellungsweise erfordern, vor
- ➡ Weckt Interesse für eine Thematik
- ➡ Weckt statische und dynamische innere Bilder
- ➡ Aktiviert Vorstellungs- und Phantasiekräfte
- ➡ Aktualisiert Begriffsinhalte, Stimmungen, Gefühle, Wertungen
- ➡ Macht emotionale und soziale Konflikte erkennbar und trägt zu deren Verarbeitung bei
- ➡ Fördert thematische Beziehungen und Strukturen
- ➡ Steigert die Leistungssfähigkeit des Kurzzeitgedächtnisses
- ➡ Zeigt eine mögliche Gliederung und einen Zugang zu einem Inhalt auf

Verhaltensmöglichkeiten:

a. Zum Erzählen:

- ➡ Lokalisieren
  - Schauplatz, Ereignis, Gegenstand sichtbar machen
- ➡ Rekonstruieren
  - Sinneseindrücke als Augen-, Ohren- und Nasenzeuge schildern
- ➡ Detaillieren
  - Einzelheiten farbig schildern

➡ Charakterisieren
  – Inneres Geschehen sichtbar machen

➡ Dialogisieren
  – Direkte Rede verwenden, Gestalten laut denken lassen

➡ Personifizieren
  – Verhalten kommentieren, Handlungen als direktes Geschehen schildern

➡ Identifizieren
  – Eine Erlebnisperson oder ein Ereignis auswählen und darstellen

➡ Motivieren
  – Die zum Text passende Stimmung durch Gesten und Stimme herstellen

➡ Rhythmisieren
  – Spannung und Entspannung einfliessen lassen. Den Schülern Raum für die Entwicklung von Bildern gewähren

➡ Einfach sein
  – Die Sprache dem Inhalt und den Schülern anpassen

➡ Erzählung beschliessen
  – Möglichkeit zur Aussprache und zur Verarbeitung der Eindrücke schaffen, neue Einsichten und Erkenntnisse integrieren (nach Meili)

b. Zum Erklären:

➡ Den Anlass für die Erklärung aufgreifen oder nennen
  – Begründung für die Notwendigkeit der nachfolgenden Erklärung anbieten

➡ Vorkenntnisse aktualisieren
  – Lerninhalt mit Bekanntem in Verbindung bringen

➡ Die Schüler einbeziehen
  – Die Schüler miterklären lassen, um ihnen so das Eindringen in den Gedankengang zu ermöglichen

➡ Sich um sprachliche Einfachheit bemühen
  – Kurze einfache Sätze bilden; geläufige Wörter verwenden; Fachbegriffe erklären, konkret und anschaulich sein

➡ Eine kognitive Gliederung und Ordnung anstreben
  – Folgerichtigen und übersichtlichen Ablauf schaffen, klare Unterscheidung zwischen Wesentlichem und Unwesentlichem vornehmen, roten Faden sichtbarmachen

➡ Auf Kürze und Prägnanz achten
  – Aufs Wesentliche beschränken, auf die Handlungsziele konzentrieren, nur jedes notwendige Wort gebrauchen
➡ Zusätzliche Stimulanz bieten
  – Anregend, interessant, abwechslungsreich, persönlich sein
➡ Wichtige Elemente hervorheben
  – Verbale und nonverbale Kommunikationselemente einsetzen; Stimme variieren; zugrundeliegendes Prinzip oder Regel herausarbeiten; Skizzen einsetzen
➡ Zu Zwischenfragen ermutigen
  – Bei umfangreichen Erklärungen Zäsuren für Zwischenfragen schaffen
➡ Die Erklärung wiederholen lassen
  – Lerninhalt in eigenen Worten formulieren lassen
➡ Beziehung herstellen lassen
  – Mit den vorhandenen Strukturen, mit dem bestehenden Wissen und den Erfahrungen vernetzen
➡ Gelegenheit zur Aussprache bieten
  – Über das Gelernte nachdenken und auf den Alltag übertragen (nach Becker 1984/II: 231 f)

c. Zum Informieren:
➡ Äussere Haltung beachten
  – Durch das Auftreten dem Inhalt Bedeutung vermitteln, Informationsunterlagen auf (Redner-)Pult geordnet bereithalten, Blickkontakt aufnehmen, festen Standort einhalten
➡ Kurze Ziel- und Inhaltsangabe bekanntgeben
  – Vorkenntnisse aktivieren, Verbindungen andeuten
➡ Struktur- und Inhaltsverlauf vorstellen
  – Die Gliederung und die Gedankenführung des Vortrags(-Textes) durchschaubar machen
➡ Schülergemässe Sprache verwenden
  – Die Sprache am Verständnishorizont der Schüler orientieren, unnötige Fachbegriffe und Fremdwörter vermeiden
➡ Anfang und Schluss des Vortrags auswendiglernen
  – Am Anfang und am Ende des Referates mit dem Publikum Blickkontakt aufnehmen
➡ Mit einem motivierenden «Aufhänger» beginnen
  – Mit dem Einstieg ins Thema hineinführen

- ➡ Kurze Sätze verwenden
  - Zwischensätze und Sprachklischees vermeiden, Unklarheiten im inhaltlichen und gedanklichen Ablauf verhindern
- ➡ Stimme modulieren
  - Persönlichen Sprechstil wahren, jedoch Monotonie vermeiden, richtige Betonung und deutliche Aussprache pflegen
- ➡ Das Atmen nicht vergessen
  - Nur mit genügend Atem lässt sich entspannt sprechen.
- ➡ Unterstützende Medien einsetzen
  - Bedeutsame Inhaltsteile visualisieren (Wandtafel, Hellraumprojektor, Dia, Film, Beam etc.) oder an einem Modell verdeutlichen
- ➡ Wichtige Details oder Begriffe wiederholen
  - Unbekannte oder neu eingeführte Inhaltselemente verständlich machen
- ➡ Schüler direkt ansprechen
  - Rhetorische Fragen stellen, persönlichen Bezug herstellen, Denkpausen einsetzen
- ➡ Nonverbale Kommunikation anwenden
  - Mimische Kontakte und häufige Blickkontakte zu den Schülern herstellen, Inhalt durch Gesten unterstreichen
- ➡ Zeit einhalten
  - Nicht länger als zwanzig Minuten sprechen
- ➡ Inhalt verarbeiten
  - Notwendige Klärungen vornehmen, Verständnis kontrollieren, Inhalt in den weiteren Verlauf des Unterrichts integrieren und immer wieder Verbindungen herstellen

1.2 Anschauen, Beobachten

«Anschauen und Beobachten bezeichnen eine Lehrform, bei der die Wahrnehmung konkreter oder bildhafter Gegebenheiten als Mittel der Informationsaufnahme und -verarbeitung bei jedem Schüler im Vordergrund steht.» (Messner 1981: 42)

Die Wahrnehmung spielt bei dieser Lehrmethode eine bedeutende Rolle. Da sie stark von persönlichen Erfahrungen abhängt, neigt der Mensch dazu, nur das wahrzunehmen, was ihm, bedingt durch seine Prägung, wichtig erscheint (Selektive Wahrnehmung). Angeleitete Anschauung und Beobachtung bieten die Möglichkeit, auch andere perso-

Selektive Wahrnehmung

nen- oder sachbezogene Aspekte aufzudecken und zu erfassen. Sie erweitern den Blickkreis und helfen, Strukturen, Elementares und Fundamentales sichtbar zu machen.

Anschauen und Beobachten bilden eine unter verschiedenen Grundlagen für Primärerfahrungen. Es sind daher Bilder, Modelle, Maschinen, Grafiken, Netzwerke etc. im Unterricht einzusetzen, die einen visuellen, haptischen und kognitiven Zugang zu einer Materie gewährleisten und ermöglichen, sich mit realen Phänomenen und Begebenheiten der näheren und weiteren Umwelt auseinanderzusetzen und in Augenkontakt zu treten. Dadurch können neue, früher erlernte oder unklare Begriffe mit

Inhalt gefüllt werden. Die Sinneskontakte führen über die Informationsaufnahme hinaus und stellen Sinnesbezüge her. Über das Wahrnehmen und Beobachten können Vermutungen über einen Gegenstand entwickelt werden, die im Anschluss bestätigt, modifiziert oder verworfen werden. Anschauen und Beobachten stellen einen aktiven Erkundungsprozess dar, in dem Fragen oder Hypothesen überprüft und sinnesbezogene Antworten gegeben werden, die noch einer zusätzlichen kognitiven Verarbeitung bedürfen.

Qualitätskriterien:
- ➡ Weckt Vorstellungen und innere Bilder
- ➡ Aktiviert durch vielfältige Sinneskontakte
- ➡ Ermöglicht das Einfühlen in eine Situation
- ➡ Fördert die Genauigkeit am Detail
- ➡ Bahnt zielgerichtete Such- und Beobachtungsrichtungen an
- ➡ Geht vom Konkreten aus
- ➡ Schafft Beziehungen zu einem Objekt
- ➡ Ermöglicht das Erfassen komplexer Vorgänge und Erscheinungen
- ➡ Lässt Einzelheiten im Sinneszusammenhang verstehen
- ➡ Schult visuelles Erfassen von Welt
- ➡ Fördert begriffliches Fassen von Sachverhalten
- ➡ Unterstützt die Merkfähigkeit

Verhaltensmöglichkeiten:
- ➡ Anschauungsobjekt für den Schüler anregend präsentieren
- ➡ Veranschaulichungsmöglichkeiten gezielt (und begrenzt) einsetzen
- ➡ Mit konkreten Beobachtungsaufträgen zum Hinschauen anleiten
- ➡ Durch Förderung einer aktiven Fragehaltung den Zugang zum Sachverhalt und zur Struktur eröffnen
- ➡ Für die aktive Auseinandersetzung Raum und Zeit gewähren
- ➡ Beobachtungen auswerten
- ➡ Wahrgenommene Einzelheiten in den Zusammenhang stellen
- ➡ Beobachtetes und Erlebtes sprachlich und schriftlich verarbeiten

1.3 In Phantasie erleben lassen

Die Lehrkraft führt die Auszubildenden mit Hilfe einer Erzählung an innere, erlebte Bilder heran. Die Schüler und Schülerinnen sitzen mit geschlossenen Augen in entspannter Haltung und konzentrieren sich auf den Körper und seine Signale. Die Lehrperson erzählt langsam und ausschmückend und ergänzt mit Leitfragen, während die Zuhörenden versuchen, der Geschichte mit ihrer Phantasie und dem inneren Auge zu folgen, sinnlich den Inhalt nachzuvollziehen und einen emotionalen Bezug herzustellen. Das Ergebnis der Phantasie lässt sich nachher als Zeichnung oder als Skizze darstellen oder als Text abfassen. Im Deutschunterricht hilft das Erleben in Phantasie, einen Text tiefer zu erfassen und zu verstehen sowie den sprachlichen Ausdruck zu fördern.

Die Phantasie entwickelt Vorstellungen und Bilder über einen unbekannten Gegenstand oder eine nicht genau definierte Situation und gestattet dem Menschen, sich zwischen Traum und Wirklichkeit zu bewegen. Für den Unterricht bietet sie die Chance, reales Wissen mit eigenen Vorstellungen zu verbinden und dadurch neue Dimensionen eines Gegenstandes zu sehen oder ihn in einen weiteren Zusammenhang zu stellen. Nichtaussprechbares kann aussprechbar werden, unklare Vorstellungen können deutliche Konturen annehmen, Probleme erhalten eine neue Sichtweise und werden damit vielleicht lösbar. Kreativität wird freigesetzt und ermöglicht eigenständiges Denken und Suchen nach brauchbaren Lösungswegen. Die Schüler und Schülerinnen entwickeln Neugier, entdecken Interesse für einen Lerninhalt und drücken innere Bilder und Vorstellungen aus.

Qualitätskriterien:

➡ Stellt Bezug zur Innen- und Aussenwelt her
➡ Lässt mit allen Sinnen wahrnehmen
➡ Entwickelt Vorstellungsvermögen
➡ Fördert imaginative Fähigkeiten
➡ Lässt mit Fremdem vertraut werden
➡ Weckt Interesse für einen Inhalt
➡ Stellt Beziehungen und Zusammenhänge zu einem Inhalt her
➡ Eröffnet verschiedene Zugänge zu einem Problem

Verhaltensmöglichkeiten:

➡ Verlauf einer geleiteten Phantasiereise erklären
➡ Entspannte Ausgangssituation schaffen
➡ Inhaltlich mit der Erzählung durch die Phantasiewelt geleiten
➡ Situation schildern, Fragen stellen, Sinne der Schüler ansprechen
➡ Bilder innerlich festhalten lassen
➡ Sorgfältig das Ende der Phantasiereise einleiten

- ➡ Phantasien vorstellen und inhaltlichen Zusammenhang herstellen
- ➡ Bilder und Ergebnisse bildlich oder schriftlich festhalten

1.4 Gespräch führen

Das Gespräch ist eine der bedeutendsten Kommunikationsformen. Verbal werden Anliegen, Überzeugungen, Probleme und Wissen Kommunikationspartnern mitgeteilt. Gesprächskommunikation beinhaltet eine Sach- und eine Beziehungsebene. Gespräche sind geprägt vom Kommunikationskontext, vom Sender und seiner Aussage sowie vom Empfänger und seiner Interpretation. Sender und Empfänger stehen in wechselseitigem Verhältnis zueinander.

In der Schule bildet das Gespräch als Mitteilungsform ein gezielt eingesetztes Instrument des Lernens. Informelle Kommunikation wird hier zum Gespräche führen. Sie unterliegt Formen und Regeln, die den Lernprozess und die Gesprächsbereitschaft der Schüler und Schülerinnen wie auch die Auseinandersetzung mit dem Lerninhalt unterstützen und fördern.

Im Unterricht sind es vor allem zwei Gesprächsformen, mit denen das Lernen gefördert werden kann. Das Lehrgespräch, mit dem ein bestimmter Inhalt erarbeitet werden soll, ist wohl die verbreitetste und traditionsreichste Form. Die Lehrkraft leitet die Schüler und Schülerinnen durch gezielte Fragen und Impulse zum Mitdenken und Selberfinden an und entwickelt mit ihnen in wechselseitiger Kommunikation (Erklärungen und Impulse der Lehrperson sowie Beiträge bzw. Fragen der Auszubildenden) einen Inhalt. Im Gegensatz zum Lehrgespräch steht in der zweiten wesentlichen Unterrichtsgesprächform, der Diskussion, nicht die Vermittlung eines Lerninhaltes im Zentrum, sondern die individuelle Bedeutung, die Beteiligte einem Inhalt beimessen. Es geht um (gegensätzliche) Positionen und (verschiedene) Meinungen. Die Diskussion als verbale Auseinandersetzung hilft mit, einen eigenen inhaltlichen Standpunkt zu vertreten und sich damit beispielweise auch auf die politische und gesellschaftliche Wirklichkeit vorzubereiten. Gerade im Hinblick darauf ist es notwendig, dass das Gesprächeführen geübt und Diskutieren erlernt wird. Wichtige Diskussionsregeln müssen beachtet werden, und der Lehrling oder die Lehrtochter müssen warten lernen, bis sie ihren Beitrag einbringen können. Es verlangt Konzentration, um den Diskussionsverlauf zu erfassen, zum richtigen Zeitpunkt das eigene Anliegen vorzubringen und die eigene Position zu vertreten. Fairness ist gefragt und Respekt vor anderen Meinungen. Verschiedene Schlüsselqualifikationen können beim Gesprächeführen erworben, langsam aufgebaut oder verfestigt werden.

Die Lehrperson sorgt mit Einfühlsamkeit dafür, dass unter Berücksichtigung der angesprochenen Regeln eine Gesprächsbeziehung entstehen und ein Gespräch entwickelt und weitergeführt werden kann. Sie nimmt eine Drehscheibenfunktion ein, indem sie den Gesprächsverlauf beobachtet, Fragen stellt, Gesprächsteilnehmer und -teilnehmerinnen einbezieht, moderiert, nachhakt, akzentuiert, informiert, kommentiert, quittiert, bewerten lässt und zusammenfasst. Insbesondere aber soll sie die Schüler und Schülerinnen spüren lassen, dass ihre Voten akzeptiert und ihre Beiträge sowohl inhaltlich wie auch bezüglich des Gesprächsverlaufes wichtig sind.

Qualitätskriterien:
- ➡ Lässt eigene Gedanken darlegen
- ➡ Versetzt in eine andere Rolle oder Person
- ➡ Fördert Eigenaktivität der Schüler und Schülerinnen
- ➡ Schränkt den Sprechanteil der Lehrperson ein
- ➡ Aktiviert Vorkenntnisse
- ➡ Lässt eigene Position vertreten
- ➡ Hilft Gesprächsregeln akzeptieren und einhalten
- ➡ Gewichtet Meinungen
- ➡ Ermöglicht Argumente einzuschätzen und zu integrieren
- ➡ Entwickelt soziale Fähigkeiten
- ➡ Baut Kommunikations- und Kooperationsfähigkeit auf
- ➡ Fördert die verbale Selbstdarstellung

Verhaltensmöglichkeiten:
a. Zum Lehrgespräch:
- ➡ Gesprächsthema, Fakten, Ziele benennen
- ➡ Erforderliche Vorkenntnisse aktualisieren
- ➡ Gemeinsames Vokabular verwenden
- ➡ Über den Gesprächsverlauf und die geltenden Regeln sprechen
- ➡ Sinnvolle und offene Fragen stellen und viele Antworten ermöglichen
- ➡ Konvergierenden Frage- und Problemstellungen nachgehen
- ➡ Zeit zum Nachdenken geben
- ➡ Gesprächshilfen anbieten

- ➡ Entspannende Sätze einfliessen lassen und Aufmerksamkeitspausen ermöglichen
- ➡ Beiträge präzisieren
- ➡ Teilergebnisse zusammenfassen und visualisieren
- ➡ Das Gespräch weiterführen
- ➡ Gesprächsziel vor Augen halten
- ➡ Das Gesprächsergebnis sichten und zusammenfassen (nach Becker 1984/II: 199)

b. Zur Diskussion:

- ➡ Das Diskussionsthema aufgreifen oder nennen
- ➡ Über die Diskussionsregeln sprechen
- ➡ Eine Diskussionsgrundlage schaffen
- ➡ Zu Diskussionsbeiträgen auffordern
- ➡ Die eine oder andere Position stützen
- ➡ Auf die Diskussionsregeln hinweisen
- ➡ Zur Stellungnahme auffordern
- ➡ Eine Entscheidung vornehmen (nach Becker 1984/II: 211)

1.5 Rollenspiel darstellen

Im Rollenspiel übernimmt der Auszubildende entweder die Identität oder einen Rollenaspekt eines anderen und handelt so, wie er annimmt, dass der andere in einer vorgegebenen Situation handeln würde, oder spielt sich selber in einer definierten Situation. Diese spielerische Darstellungsform verhilft zu Erkenntnissen oder Einsichten über die eigenen Handlungsweisen oder diejenigen anderer Personen. Sie bedarf des Einfühlungsvermögens, der Bereitschaft sich zu öffnen und der Freude am Spiel. Das handlungsorientierte Arbeiten – das reale Verhalten in spielerischen Situationen und Interaktionen – fordert die Persönlichkeit und die Betroffenheit der Teilnehmer und Teilnehmerinnen heraus. Das Rollenspiel muss daher sorgfältig ein- und durchgeführt werden und setzt klare Zielsetzungen voraus. Die Lehrperson selbst muss sich der zu erwartenden Wirkungen bewusst sein und die ablaufenden Interaktionen ständig beobachten.

Im Unterricht kann das Rollenspiel auf vielfältige Weise eingesetzt werden. Es eignet sich vor allem dazu, Situationen aus dem Alltag vorwegzunehmen. Ein Vertragsabschluss zwischen Agenten und Versicherungsnehmern, der Kauf eines Autos usw. stellen simulierte Lebenssituationen dar, mit denen der Lehrling und die Lehrtochter bereits konfrontiert sind. Das Probehandeln eröffnet Einsicht in das mögliche Verhaltens- und Argu-mentationsrepertoire des Gegenübers und vermittelt Erkenntnisse über das eigene Verhalten.

Für die Unterrichtsgestaltung ist von Vorteil, wenn die Lehrperson die Spielregeln mit den Schülern und Schülerinnen abspricht und die Rahmengeschichte vorstellt oder sie gemeinsam erarbeitet. Gespielt wird die gesamte Handlung oder auch eine Sequenz daraus. Dem Spielinhalt entsprechend wird der Spielverlauf geplant, die Rollenbesetzung vorgenommen, eine Spielsituation aufgebaut, und die notwendigen Requisiten werden bereitgestellt. Ein schriftlicher Rollenbeschrieb hilft den Auszubildenden, klare Anhaltspunkte für ihr Rollenhandeln zu entwickeln. Wichtig sind die Einstimmung und, damit verbunden, der Aufbau der Spielatmosphäre. Im Spiel sollten die Rollenträger eine Lösung für das zu bearbeitende Problem finden oder Alternativen vorschlagen können. Nach dem Spiel werden die Vorschläge zusammengetragen und ausgewertet. Den Spielern und Spielerinnen wird bezüglich ihres Spielverhaltens und ihrer Argumentation ein Feedback gegeben.

Qualitätskriterien:

- ➡ Ermöglicht spielerisches Erleben
- ➡ Erlaubt Probehandeln
- ➡ Versetzt in andere Personen
- ➡ Schult Ausdrucksfähigkeit und Wahrnehmung
- ➡ Stellt Rollendistanz her
- ➡ Ermöglicht Kenntnis und Darstellung eigener Fähigkeiten und eigenen Wissens
- ➡ Lässt auf Mitspieler eingehen
- ➡ Sensibilisiert für Verhaltensweisen
- ➡ Lässt zu, sich zu exponieren
- ➡ Entfaltet Kreativität und Selbstbestimmung
- ➡ Fördert Kommunikationsfähigkeit
- ➡ Erweitert soziale Kompetenz
- ➡ Hilft bestehende Lebensbedingungen ausgestalten und verändern

Verhaltensmöglichkeiten:

- ➡ Zielsetzung festlegen
- ➡ Regeln bestimmen

- Spielinhalt und Szenenaufbau beschreiben und definieren
- Spieler und Spielerinnen auswählen
- Sich mit der Rollenübernahme befassen und auseinandersetzen
- Beobachter und Beobachtungskriterien festlegen
- Spielzeit vereinbaren
- Mit den Spielern und den Beobachtern über den Verlauf diskutieren
- Realitätsbezug herstellen
- Schlussfolgerungen ziehen
- Einzelne Szenen mit anderen Schülern anders spielen
- Ergebnisse reflektieren und auswerten

1.6 Üben als Wiederholen

Übung ist ein notwendiger Schritt allen Lernens und besteht meist im Wiederholen des Lerninhaltes. Nur damit können Lösungswege, Verhaltensweisen, Fähigkeiten und Fertigkeiten, Techniken und Wissensbestände zum festen Besitz werden. Übung hilft, bestimmte Leistungen zu verbessern, zu sichern und zu konsolidieren, so dass sie mehr oder weniger automatisch und mit einer gewissen Geläufigkeit vollzogen werden können. Das Wissen soll abrufbar zur Verfügung stehen. Durch Üben als Gewöhnung und Mechanisierung werden Automatismen aufgebaut. Dauerhafter Lernerfolg als verfügbares Wissen und Können, das im Langzeitgedächtnis verankert ist, erfordert aber mehr als nur ständiges Wiederholen. Für differenziertes Handeln und Operieren bei den Schülern ist ein vertieftes Verständnis der Leistungen und Tätigkeiten, aber auch des Anwendungsfeldes unabdingbar. Üben kann nicht mit Drill gleichgesetzt werden, sondern bildet eine geistige Verarbeitung von bekannten Inhalten, die durch vielseitige Verknüpfung, Wiederholung und Eingliederung in den vorhandenen Verständnis- und Erfahrungshorizont erreicht werden kann.

Üben stellt insgesamt einen wichtigen Bestandteil des Unterrichts dar. Für viele Fertigkeiten sind häufig nur die wesentlichen Elemente eines Lerninhalts vermittelbar, so dass die Lernenden aufbauend auf dieser Grundstruktur die notwendige Handlungskompetenz selber erarbeiten, erlangen und ausdifferenzieren müssen. Dazu benötigen sie eine klare Anleitung und Erfahrung mit verschiedenen Übungsformen. Üben muss zudem in einen Sinnzusammenhang gestellt werden, der für den Schüler oder die Schülerin einsichtig ist.

Üben, üben, üben . . .

Qualitätskriterien:
- ➡ Sichert schnell abrufbares Wissen
- ➡ Prägt Regeln ein
- ➡ Weckt Verständnis für einen Inhalt
- ➡ Macht eigenes Können und anwendbare Fertigkeiten bewusst
- ➡ Steigert Leistungs- und Merkfähigkeit
- ➡ Erhöht Aufmerksamkeit und Konzentrationsfähigkeit
- ➡ Hilft verstehen, beherrschen und anwenden
- ➡ Bildet Grundlage für die Vernetzung

Verhaltensmöglichkeiten:
- ➡ Den Lerninhalt oder die Lernsequenz rational durchdringen
- ➡ Möglichst bald das Üben aufnehmen

- ➡ Kurz und oft üben
- ➡ Trainingsperioden und Übungsphasen planen und strukturieren
- ➡ Störende Lernprozesse fernhalten
- ➡ Verschiedenste Kurzformen in Verbindung mit Sozialformen zum abwechslungsreichen Üben wählen
- ➡ Laufende Wiederholungen einbauen
- ➡ Lernkontrollen durchführen
- ➡ Übungserfolg feststellen und mitteilen

1.7 In Bild oder Handlung umsetzen

Denken basiert auf Handeln. Durch Beobachten und anschliessende Umsetzung in ein Bild oder eine Handlung werden Beziehungen zur Umwelt aufgenommen und ausgedrückt. Die bildliche Wahrnehmung und Wiedergabe verhelfen den Auszubildenden zu Vorstellungen und Erkenntnissen über Beziehungen.

Elementare Erlebnismöglichkeiten und Grundfähigkeiten sind eng mit dem Tast- und Bewegungsbedürfnis des Menschen verbunden. Greifbare Eigen- und Sacherfahrungen können damit erschlossen werden, und die Schüler und Schülerinnen werden zum projektiven Tun und zu «inneren» Bildern angeregt, was Kreativität und grössere Merkfähigkeit ermöglicht. Durch Berühren, Bewegen, Handeln und Ins-Bild-Umsetzen kann sich der einzelne oder die einzelne direkt angesprochen fühlen. Unmittelbare Beziehungen und Interesse am Gegenstand und zu den notwendigen Denkschritten werden geweckt. Deshalb ist zu berücksichtigen, dass sich die äusseren Handlungen auf entsprechende gedankliche Operationen stützen, die dem angestrebten Verständnis dienen.
Für die Unterrichtsgestaltung sollen die Schritte Handeln - Denken - Handeln vor Augen gehalten werden. Indem eine Fragestellung oder ein Problem handelnd angegangen wird (Handeln), kann der Schüler vorhandene Kenntnisse moblisieren und sie mit neuen in Verbindung setzen (Denken). An einem Modell werden die Abläufe ausgeführt, vielleicht in einer Grafik festgehalten und damit über die Handlung kognitiv verarbeitet (Handeln).

Qualitätskriterien:

- ➡ Fördert durch Tast- und Bewegungstätigkeit die Wahrnehmung und das Ausdrucksvermögen
- ➡ Lässt durch Handlungen begreifen

➡ Hilft Formen und Gegenstände erfassen, benennen und darstellen
➡ Sichert das Erproben von Handlungsabläufen
➡ Unterstützt und regt Vorstellungen an
➡ Wendet vielfältige Ausdruckstechniken an

Verhaltensmöglichkeiten:
➡ Sich auf das Motiv einstellen
➡ Sich auf die Umsetzung und Handlung ausrichten
➡ Handlungen auf die Denkschritte ausrichten
➡ Gliederung der Teilformen vornehmen
➡ Handlungstechniken einführen
➡ Suchen und probieren lassen
➡ Vergleiche anstellen
➡ Handlungs- und Bewegungsabläufe durchführen und kognitiv verarbeiten

1.8 Begriffe bilden

«Allgemein können wir sagen: Im Unterricht bildet der Schüler Begriffe, indem er vor einer neuen Erscheinung oder zur Lösung eines Handlungs- und Denkproblems gedankliche Elemente aus seinem Wissen abruft und verknüpft.» (Aebli 1985: 253) Begriffsbildung ereignet sich nicht nur durch wiederholte Anschauung eines Gegenstandes, sondern auch durch aktive geistige Auseinandersetzung. Begriffe als gedankliche Gegenstände ergeben sich aus verschiedensten Eindrücken und werden begreifbar, indem einzelne Elemente aus den inneren Zusammenhängen heraus mit (Begriffs-)Inhalt gefüllt werden. Dadurch kann man sie handhaben und sie werden zu symbolischen Instrumenten, mit denen wir die Welt zu fassen versuchen, und bilden Einheiten, mit denen wir denken.

Begriffe stehen nicht allein für sich, sondern sind unter sich vernetzt, d.h. sie stehen in Verbindung mit Nachbarbegriffen. Die Vernetzung zeigt sich darin, dass der Schüler oder die Schülerin nicht nur über enge, abrufbare Begriffsdefinitionen verfügt, sondern auch über ein Begriffsfeld, in welchem Begriffe durch innere Zusammenhänge untereinander verknüpft sind. Dieses bildet den aktiven und passiven Wortschatz der Auszubildenden und dient der Auseinandersetzung mit dem elementaren Fachwortschatz im Unterricht, mit dem Inhalte dargestellt, erklärt und bezeichnet werden.

Qualitätskriterien:
- ➡ Hilft einen Gegenstand identifizieren und definieren
- ➡ Lässt die Welt begreifen
- ➡ Baut einen Wortschatz auf
- ➡ Stellt inhaltliche Beziehungen her
- ➡ Vernetzt Wissen
- ➡ Lässt in Zusammenhängen denken
- ➡ Entwickelt Denkinstrumente
- ➡ Erweitert die kognitive Struktur

Verhaltensmöglichkeiten:
- ➡ Im praktischen Umgang mit den Begriffen vertraut werden
- ➡ Vorwissen aktualisieren
- ➡ Teilschritte für das Begriffsverständnis aufzeigen und aufbauen
- ➡ Elementares Begriffsinventar aufbauen
- ➡ Begriffsnetz darstellen
- ➡ Teilschritte und verschiedene Gesichtspunkte festhalten
- ➡ Begriffe anwenden

1.9 Deuten

Deuten ist eine einfache und zugleich sehr komplexe Unterrichtsform. Sie kann sich als sinnesbezogenes Auseinandersetzen mit einem Gegenstand vollziehen. Vermittelt durch die Sinne, bildet der Schüler oder die Schülerin auf Grund direkter Wahrnehmung eine klare Vorstellung als «innere Rekonstruktion eines Gegenstandes» (Aebli 1985: 88), die zum Begriff führt. Komplexer zeigt sich der Deutungsvorgang dort, wo die Nachkonstruktion eines Ereignisses oder einer Situation notwendig wird, weil die direkte Anschauung fehlt oder nur wenige notwendige Informationen für eine eindeutige Aussage vorhanden sind. Dies gilt vor allem für Texte und symbolische Darstellungen, die Mitteilungen in verkürzter Form (z.B. Bibel, Bilder, Karten, Tabellen) überliefern. Meist fehlen genaue Angaben über den Kontext, oder es wird in Bildern oder Gleichnissen geredet, die sich den Lesenden nicht auf den ersten Blick erschliessen. Die Deutung lässt nicht eine einzig gültige Aussage zu, und die individuelle Interpretation der Situation oder des Beziehungsgefüges drückt die eigene Wahrnehmung, die persönlichen Wertungen und die Form des Nachdenkens aus. Damit liegt Deuten nahe bei den beiden Unterrichtsformen «Begriffe bilden» und «Probleme lösen».

Qualitätskriterien:

- ➡ Lässt eigene Vorstellungen entwickeln
- ➡ Hilft Hypothesen bilden
- ➡ Hilft Wesentliches zu erfassen
- ➡ Stellt Beziehungen her
- ➡ Durchdringt Komplexität
- ➡ Ermöglicht das innerliche Nachvollziehen von Situationen und Begebenheiten
- ➡ Verzichtet auf eindeutige Antworten
- ➡ Lässt verschiedene Wertungen und andere Sichtweisen ertragen

Verhaltensmöglichkeiten:

- ➡ Informationen geben
- ➡ Persönliche Betroffenheit schaffen
- ➡ Interpretationen, Vermutungen anstellen lassen
- ➡ Begriffsfeld aufschlüsseln
- ➡ Fragen aufwerfen
- ➡ Impulse geben
- ➡ Ideen und Überlegungen zusammentragen und anhören
- ➡ Deutungen gewichten

1.10 Ideen sammeln (Brainstorming)

Ideen sammeln bedeutet Zusammentragen von Gedanken und abrufbarem Wissen. Etwas enger gefasst ist Brainstorming als gezieltes und mit klaren Spielregeln versehenes «Ideen und Vorschläge sammeln». Die klare Zielsetzung aktiviert in einem umgrenzten Inhaltsbereich vorhandenes Wissen, stellt Beziehungen zu einem Lerninhalt her und bahnt Wege zur Problemlösung an. Insbesondere schafft das Ideensammeln aber auch einen Denk- und Sprechfreiraum, der den Auszubildenden mehr Bewegungsfreiheit zur freien Äusserung und Darstellung gewährt.

Bei dieser Unterrichtsform steht am Anfang eine offene Fragestellung, die zu Ideen, Einfällen und Gedanken animiert, die z.B an der Wandtafel wahllos aufgeschrieben werden. Wichtig ist, dass dies kritik- und kommentarlos abläuft. Erst wenn sich der Ideenschwall erschöpft hat, werden Unklarheiten geklärt und eine Gliederung bezüglich der Zielsetzung, der Priorität oder Verwirklichung vorgenommen. Anschliessend wird die Idee oder Lösungsvariante, die als wichtigste erachtet wird, vertieft bearbeitet.

Qualitätskriterien:

- ➡ Weckt vielfältige Assoziationen
- ➡ Regt zu Kreativität an
- ➡ Schafft Sprechmöglichkeiten durch einfache Fragestellungen
- ➡ Ermöglicht neue Ideen und Gedanken
- ➡ Bietet Anregungen
- ➡ Zeigt den Wissensstand auf
- ➡ Erfordert klare Spielregeln

Verhaltensmöglichkeiten:

- ➡ Thema aufgreifen und festlegen
- ➡ Spielregeln bestimmen
  (Zeitbegrenzung, Protokollführung, Ablauf etc.)
- ➡ Offene Frage stellen
- ➡ Inhaltlichen Impuls geben
- ➡ Nicht verbal steuern
- ➡ Einfälle sammeln
- ➡ Protokoll erstellen
- ➡ Aussagen ohne Kritik entgegennehmen (Quantität vor Qualität)
- ➡ Bestärken, unterstützen
- ➡ Vorschläge sichten, auswerten, gewichten, ordnen
- ➡ Gewählte Thematik bearbeiten
- ➡ Zusammenhang herstellen

1.11 Probleme lösen

Probleme beinhalten immer eine unbewältigte Aufgabe und noch fehlende Lösungsmöglichkeiten. Probleme lösen als Prozess bedeutet Planen und Durchführen komplexer Handlungen. Der Schüler und die Schülerin werden intellektuell beansprucht und ihre Denkbeweglichkeit wird gefordert. Mit der kognitiven Struktur und den geistigen und kreativen Fähigkeiten werden neue Schemata für eine ungelöste Situation entwickelt oder Hypothesen in bezug auf eine Problemsituation gebildet und zu verifizieren versucht. Die Auszubildenden benötigen dazu «Fachwissen und Heuristiken (Methoden des Problemlösens)» (Aebli 1987: 199) Das Problem muss einerseits in ihrem Lösungsbereich liegen, d.h. sie müssen auf Grund ihrer Fähigkeiten imstande sein, überhaupt Lösungsmöglichkeiten zu finden, anderseits müssen ihnen Strategien zur Verfügung stehen, um die Situation, das Ziel und den Weg miteinander in Beziehung zu setzen.

Sollen die Schüler und Schülerinnen wirklich ein Problem selber lösen, so stellt sich die Frage nach der Funktion der Lehrperson. Grundlegend besteht ihre Aufgabe darin, zum Unterrichtsinhalt kognitive Betroffenheit und einen persönlichen Bezug herzustellen, also Problemidentifikation anzubahnen, bei der Situationsanalyse Unterstützung zu bieten, bei der Wegfindung zu beraten, unterschiedliche Problemdefinitionen zuzulassen sowie Materialien für das eine und das andere Vorgehen bereitzuhalten.

Qualitätskriterien:

- ➡ Macht Probleme bewusst
- ➡ Stellt Bezug und Identifikation zu einem Sachverhalt her
- ➡ Lässt Problemlösungen und Hypothesen entwickeln
- ➡ Strukturiert und organisiert eine gegebene Situation
- ➡ Erarbeitet neue Einsichten und Erkenntnisse
- ➡ Baut neue Schemata und produktives Denken auf
- ➡ Hilft Regeln und Gesetzmässigkeiten formulieren
- ➡ Erweitert die kognitive Struktur

Verhaltensmöglichkeiten:

a: Zum Problemlösen

- ➡ Das gestellte Problem formulieren und erfassen
- ➡ Massnahmen treffen, damit sich der Schüler Fragen stellt
- ➡ Zusatzinformationen vermitteln
- ➡ Hilfe bei der Problemidentifikation und Problemanalyse gewähren
- ➡ Prämissen aufstellen
- ➡ Strategien suchen lassen
- ➡ Annahmen überprüfen
- ➡ Gesetzmässigkeiten auffinden
- ➡ Auf dem Weg zur Lösung beraten
- ➡ Lösungsprotokoll einsetzen
- ➡ Material bereitstellen
- ➡ Auf andere Wege, Regeln hinweisen
- ➡ Teilprobleme aufzeigen
- ➡ Erfolg der Strategieschritte überprüfen
- ➡ Raum und Zeit zum Erkunden lassen
- ➡ Zusammenfassen der Erkenntnisse und des Lösungsweges
- ➡ Lösung kontrollieren
- ➡ Folgen und Konsequenzen reflektieren

b. Zur Hypothesenbildung

- ➡ Problemfeld erfassen
- ➡ Fakten, Daten, Ergebnisse oder bestimmte Situationen ermitteln
- ➡ Problem analysieren
- ➡ Ursachen des Problems erkunden
- ➡ Ziel festlegen
- ➡ Hypothesen entwerfen
- ➡ Hypothesen ausprobieren und an der Realität überprüfen
- ➡ Lösungen aufzeigen (nach Dubs 1987: 44)

1.12 Mind mapping

Mind mapping ist eine kreative Arbeits- und Lernform, die durch gestalterische Mittel das Brainstorming ergänzt und bei der Entwicklung einer

Mind mapping

Thematik die Vernetzung miteinbezieht. Es wird davon ausgegangen, dass die beiden Hirnhälften unterschiedliche Funktionen erfüllen. In der linken, logischen Hirnhälfte ist als Ursprung von Zahlen, Sprachen, Formeln und Analysen das kognitive Denken angelegt, also auch das fachliche, schulische Wissen gespeichert. Rechts orten sich die visuellen Wahrnehmungen, die Bilder, Intuitionen und Gefühle. Werden beim Entwickeln von Ideen und thematischen Inhalten beide Hirnhälften angesprochen und eingesetzt, so entstehen breiter verankerte Ergebnisse.

Beim Mind Map bildet das Thema als bildlich dargestelltes Zentrum den Ausgangspunkt für die assoziative Auseinandersetzung mit einem Gegenstand. Der differenzierte Inhalt wird anhand von Schlüsselwörtern vom Zentrum aus baumkronenartig in Verzweigungen angeordnet, die die aufgegliederten Themenbereiche aufzeigen.

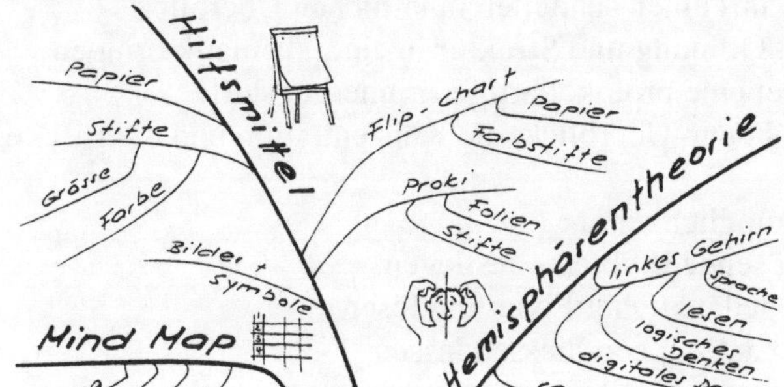

(Müller 1992: 125)

Bei dieser Arbeitsform ist die grafische Darstellung von grosser Bedeutung, daher werden auch verschiedene geeignete Hilfsmittel wie z.B. Farben beigezogen. Schlüsselworte als Substantive können rot umkreist werden. Die grünen Hauptäste beinhalten die wesentlichen Themenbereiche, die durch kleine blaue Ästchen, die die thematischen Details umfassen, ergänzt werden.

Qualitätskriterien:

- ➡ Gewährt eine schnelle und detaillierte Übersicht zu einem Thema
- ➡ Verbindet sprachliches, assoziatives, kreatives und bildhaftes Denken
- ➡ Lässt Ideen entfalten
- ➡ Unterstützt und schärft das Gedächtnis
- ➡ Fördert logische Abläufe
- ➡ Gewährt einen schnellen inhaltlichen Überblick
- ➡ Hilft Ordnung und Struktur in eine Thematik bringen
- ➡ Bildet eine protokollartige Erinnerungshilfe
- ➡ Erhöht den Überblick, die Konzentration und die Effektivtät

Verhaltensmöglichkeiten:

- ➡ Zu lösende Probleme festlegen
- ➡ Von gedanklicher Fixierung lösen
- ➡ Assoziativ Ideen fliessen lassen
- ➡ Stichworte an Stelle von Aussagen verwenden
- ➡ Gliederung eines Themas vornehmen
- ➡ Symbole einsetzen
- ➡ Erfahrungen mobilisieren
- ➡ Linke und rechte Hirnhälfte ansprechen
- ➡ Begriffliche Unklarheiten klären
- ➡ Aufeinander eingehen
- ➡ Gegenseitiges Verständnis anregen
- ➡ Hilfsmittel einsetzen

1.13 Notizen von Informationen

Notizen stellen einen externen Speicher dar, der wichtige Informationen und Wissen jederzeit wieder zugänglich macht. Falsch ist die Meinung, einmal Notiertes entspreche zukünftig abrufbarem Wissen. Zwar zeigt es sich, dass unmittelbar nach der Informationsabgabe viele Ideeneinheiten reproduziert werden können. Eine optimale Erinnerungsleistung stellt sich aber erst ein, wenn die Unterlagen wieder verarbeitet werden. Wann diese Verarbeitung stattfindet, ist nach einer Untersuchung von Hänggi unwesentlich. Vielmehr werden von Lernenden gleich viele Ideeneinheiten reproduziert, ob sie nun «ihre Notizen bereits einen Tag nach der Vorlesung» oder «erst dreizehn Tage nach der Vorlesung wiederverarbeiteten.» (Hänggi 1992: 180) Bei sofortigem Verarbeiten wird hingegen die interne Wissensorganisation begünstigt. Wiederholtes Verarbeiten von Notizen wirkt sich positiv «auf das langfristige Behalten von längeren Texten» aus. (Hänggi 1992: 181) Bezüglich der freien Wiedergabefähigkeit von notierten Informationen sind zeitlich kurzfristige Behaltensintervalle von Vorteil, vor allem wenn vor einer anstehenden Prüfung das Material wiederverarbeitet wird, da möglicherweise Erinnerungshilfen aus der Wissensorganisation für die Rekonstruktion des Lerninhaltes mobilisiert werden. Vor allem bei der Beantwortung von Faktenfragen trägt das Lernintervall besondere Bedeutung. Kurz vor der Prüfung erlernte Fakten führen zu besseren Ergebnissen. Damit also Lernleistungen verbessert werden können, ist dem Wiederverarbeitungszeitpunkt Aufmerksamkeit zu schenken.

Neben den lernpsychologischen Aspekten – der Behaltens- und Lernintervalle, der Merkfähigkeit etc. – die erfolgreiches Lernen versprechen, ist aber auch eine systematische Notizorganisation oder feste Arbeitsform zu beachten. Wenn Notizen einen externen Speicher darstellen, muss dieser Speicher so geordnet sein, dass der Inhalt jederzeit wieder abrufbar und nachvollziehbar ist. Genau wie beim Computer ein File gegliedert und formatiert werden muss, müssen handgeschriebene Notizen eine Strukturierung aufweisen. Dazu gehört der Grundentscheid für ein festes Papierformat, z.B. A 4. Dieses Format erlaubt eine grosszügige Gliederung, die noch genügend Raum für umfangreiche andere Notizen lässt, und gewährt dank einer den Bedürfnissen entsprechenden Gestaltung einen raschen Überblick über den Inhalt:

<table>
<tr><td>Titel/Schlagwort</td><td align="right">Datum/Seite
Lehrer oder Buch</td></tr>
<tr><td>Untertitel zur
Gliederung/Schlagwörter
.
.
.
.</td><td>Text</td></tr>
<tr><td colspan="2">Bemerkungen/Überarbeitungsergänzungen
Literaturhinweise</td></tr>
</table>

Die Einteilung in einzelne Felder sichert eine klare Trennung von aufgenommenen Fakten, eigenen Bemerkungen und Ergänzungen und dient als Vorlage für Notizen bei einem Referat, für Informationen des Lehrers, für Buchauszüge oder für das Zusammentragen von Sachwissen aus Projekten. Wichtig für eine schnelle Orientierung ist, dass nur eine Seite beschrieben wird.

Für Notizen als Lernunterlagen ist es sinnvoll, neben der vorgegebenen Gliederung weitere Hilfen beizuziehen. Dazu gehören beispielsweise auch Leuchtstifte. Mit Farben lässt sich gut gliedern oder ordnen. So können mit Grün Obergriffe oder das Hauptthema und mit Blau die Teilthemen festgehalten werden. Die gelbe Farbe bezeichnet die Fakten, die gelernt und beherrscht werden müssen. Diese Textmarkierungen bilden schlussendlich die Lernauszüge.

Eine feste Arbeitsform mit nur geringen Abweichungen gewährleistet Sicherheit beim Arbeiten und Lernen. Sie spielt sich mit der Zeit so ein, dass sie als Grundgerüst automatisch beigezogen wird. Somit können die Notizen auch nach einer längeren Zwischenzeit sofort wieder für die Weiterarbeit benützt werden, da sie jederzeit nachvollziehbar und verständlich sind.

Qualitätskriterien:

➡ Sichert und strukturiert Informationen
➡ Bildet Ausgangspunkt für das Lernen
➡ Baut Erinnerungshilfen auf
➡ Ist Vorbereitungsgrundlage für Prüfungen
➡ Verbessert die Abrufbarkeit von Wissen
➡ Sichert die Lernmotivation
➡ Bietet den Überblick

Verhaltensmöglichkeiten:

➡ Ziele der Notizen festlegen
➡ Notizgestaltung, Strukturierung und Gliederung vornehmen
➡ Verständlichkeit der Notizen kontrollieren
➡ Schlagwörter setzen
➡ Textmarkierungen durchführen
➡ Verweise und Bemerkungen anbringen
➡ Auszüge erstellen
➡ Nach der Niederschrift verarbeiten
➡ Beim Verarbeiten innehalten und rekapitulieren
➡ Rechenschaft über das neuerworbene Wissen ablegen

➡ Selbstüberprüfung durchführen
➡ Beziehungen zum Gelernten herstellen
➡ Transfer durch Bearbeitung praktischer Probleme vornehmen

Notizen kontrollieren

1.14 Wissen aneignen

Aus Untersuchungen ist bekannt, dass von aufgenommenen Informationen nur wenig lange haften bleibt, dass aber bei sofortiger Reproduktion viele Inhaltselemente wiedergegeben werden können. Diese Leistungsfähigkeit des Kurzzeitgedächtnisses ist bei der Aneignung von Wissen zu nutzen.

In der Praxis sitzt beispielsweise eine Gruppe von Schülern und Schülerinnen zusammen und versucht gemeinsam, die erhaltenen Informationen zu reproduzieren. Zuerst notiert jeder oder jede für sich einige Stichwörter. Anschliessend beginnt jemand auf einem Blatt sein Wissen aufzuschreiben und ein nächster oder eine nächste setzen den angefangenen Text mit ihrem Wissen fort. So entsteht eine protokollartige Wiedergabe der Informationen. Dieses Protokoll kann in der Folge zu einem zusammenhängenden Text verarbeitet werden, so dass am Schluss alle Informationen als Arbeits- und Lerntext vorliegen. Für dieses Vorgehen eignet sich der Computer. Mit einem einfachen Textverarbeitungsprogramm führen die Schüler und Schülerinnen die Arbeitsgänge durch, und alle erhalten nach getaner Arbeit eine Zusammenfassung. Das Ergebnis wird für die Weiterarbeit verwendet oder dient als Prüfungsvorbereitung. Als hilfreiche Ergänzung können die zusammengetragenen Informationen auch grafisch dargestellt werden. Die Grafik hilft, die inneren Beziehungen der Sachinhalte aufzuzeigen und bezieht gleichzeitig durch Visualisierung einen zusätzlichen Sinn für die Wissenaneignung ein.

Diese Arbeitsform fördert die Wissenstrukturierung, die Wissensverarbeitung und zugleich durch die grosse Eigentätigkeit das Lernen an sich. Der Lerninhalt wird durch Tun, Besprechen und Visualisieren besser im Gedächtnis verankert. Wissen aneignen im Team kann insbesondere auch für das Festhalten von Gruppenarbeiten beigezogen werden und verhindert, dass die oft hart erarbeiteten Gruppenergebnisse einfach im Schulzimmer verhallen.

Qualitätskriterien:

➡ Fördert die eigenständige Auseinandersetzung mit einem Inhalt
➡ Verlangt das Erkennen wichtiger inhaltlicher Aussagen
➡ Zwingt zum Informationsaustausch
➡ Fordert zum Hinhören auf
➡ Erfordert die Fähigkeit, Gehörtes niederzuschreiben
➡ Veranlasst das Strukturieren und Ordnen eigener Gedanken
➡ Hilft Wissen vernetzen und verankern
➡ Spricht verschiedene Sinne an
➡ Sichert das Behalten von Informationen
➡ Regt zum Lernen an

Verhaltensmöglichkeiten:

➡ Informationen vermitteln
➡ Erhaltenes Wissen verarbeiten

- ➡ Inhalt niederschreiben oder zeichnen
- ➡ Wissensteile absprechen und ordnen
- ➡ Schwerpunkte herausarbeiten
- ➡ Wesentliches zusammenfassen
- ➡ Inhalt vernetzen
- ➡ Arbeits- oder Lerntext darstellen

1.15 Literaturclub

Der Literaturclub stützt sich auf ein anregendes Sendegefäss im Fernsehen. In der Fernsehsendung wird unter kundiger Leitung einer Moderatorin ein Gespräch über neu erschienene Bücher geführt. Vier Gesprächsteilnehmer und -teilnehmerinnen haben die Aufgabe, vorher ein Buch sorgfältig zu lesen und während der Sendung den Inhalt kritisch und diffenziert darzustellen sowie ihre Meinung darüber zu vertreten. Die übrigen Gesprächsrundenmitglieder haben das Buch ebenfalls gelesen und legen ihre Sichtweise in der Auseinandersetzung mit dem Hauptreferenten oder der Hauptreferentin dar.

Diese Form der inhaltlichen Auseinandersetzung lässt sich leicht als Bestandteil selbständigen Lernens in den Unterricht integrieren. Für einen bestimmten Lerninhalt verteilt die Lehrperson einen wichtigen Grundlagentext, oder die Lernenden wählen selber einen brauchbaren Artikel aus. Ein Schüler oder eine Schülerin hat diesen Text gut vorzubereiten und durchzuarbeiten. In einer unterrichtlichen Gesprächsrunde wird der Text von ihm oder ihr vorgestellt, inhaltlich gewichtet und beurteilt. Eine Gruppe, die diesen Text ebenfalls durchgelesen hat, bringt ihre Sichtweise ein und diskutiert gemeinsam über den Inhalt. Die Lehrperson agiert in dieser Gesprächsrunde als Gesprächsleiterin, die durch Fragen oder Anstösse das Gespräch in Bewegung hält. Der Rest der Klasse hört zu. Er kann eventuell gegen den Schluss des Gesprächs durch Fragenstellen in die Runde miteinbezogen werden.

Die vertiefte Auseinandersetzung mit einem Text erfordert eine inhaltlich sorgfältige Vorbereitung, fundierte Kenntnisse des Textes und eine Strukturierung des Inhaltes, bietet aber auch die Möglichkeit, einen eigenen Standpunkt zu vertreten.

Qualitätskriterien:
- ➡ Fördert die eigenständige Auseinandersetzung mit einem Lerninhalt
- ➡ Verlangt die strukturelle Durchdringung eines Textes

- ➡ Regt zur Argumentation an
- ➡ Fördert kommunikative Fähigkeiten
- ➡ Zwingt zur eigenen Stellungnahme
- ➡ Fordert zum genauen Hinhören auf
- ➡ Veranlasst zum Reden und Diskutieren
- ➡ Erfordert das Strukturieren eigener Gedanken
- ➡ Sichert vor eindimensionalem Denken
- ➡ Initiiert Lernen

Verhaltensmöglichkeiten:

- ➡ Text vorbereiten
- ➡ Grundlagenwissen aufarbeiten
- ➡ Inhalt darlegen
- ➡ Zum Textinhalt Stellung beziehen
- ➡ Schwerpunkte herausarbeiten
- ➡ Gespräch durchführen
- ➡ Wichtige Argumente einbringen
- ➡ Sich auf die Gesprächsteilnehmer einstellen
- ➡ Auf die Gesprächspartner eingehen
- ➡ Inhaltliche Verbindungen herstellen

1.16 Moderation

Seit im Radio und Fernsehen ein Moderator oder Moderatorin durch die Sendungen führt, verbale Verbindungen herstellt und für Spannung sorgt, sind Moderation und die damit verbundenen Funktionen zur Alltäglichkeit geworden und haben auf dem Hintergrund veränderter Arbeits- und Lernweisen auch Eingang in die Gruppendynamik, die Organisationsentwicklung und diejenigen Lernveranstaltungen gefunden, die als Gruppen den Austausch von Ideen und Informationen und die Aneignung von Wissen zum Inhalt haben, aber auch durch gemeinsame Entscheidungen unter Nutzung aller vorhandenen Synergien zu einem Gruppenergebnis gelangen möchten.

Mit Moderation kann auch erfolgreich im Unterricht gearbeitet und einzelne Phasen in Besprechungen und Lehrveranstaltungen können damit besser, d.h. effektiver und abwechslungsreicher gestaltet werden. Die Lehrkraft übernimmt nicht mehr allein die Verantwortung für die Erarbeitung eines Lerninhaltes, sondern die Lernenden werden durch interaktionelles Lernen in den Arbeits- und Lernprozess miteinbezogen.

Dabei hat der Moderator einer solchen Lerngruppe den selbständigen Wissenserwerb zu ermöglichen, d.h. zu unterstützen und zu begleiten, indem er die Lernsituation gestaltet und die notwendigen Rahmenbedingungen schafft. Er hat aber auch den inhaltlichen und kommunikativen Austausch anzuregen und bei Konflikten helfend nach gemeinsamen Lösungen zu suchen. Als Prozessbegleiter überblickt er das Geschehen in der Gruppe, plant und koordiniert, setzt Schwerpunkte, lässt Unwichtiges beiseite und fördert die Kooperation. Diese aktive und prozessorientierte Arbeitsweise hat wesentlichen Einfluss auf das selbsttätige und selbständige Arbeiten aller Beteiligten und unterstützt zugleich das Interesse am Lerninhalt, das Leistungsverhalten und das aktive Mitdenken und Mitgestalten. Ziel dieser Arbeitsweise ist es insbesonders, die Gruppenmitglieder verstärkt miteinzubeziehen und eine grössere Beteiligung und Mitsprache zu erreichen.

Die methodischen Elemente der Moderation bilden Bestandteil für selbständiges Lernen. Die Schüler und Schülerinnen können von Anfang an den Unterricht mitgestalten. Zugleich stehen verschiedene Lernzugänge – etwa die Visualisierung der Lerninhalte und Ergebnisse – offen. Durch die umfangreiche Eigentätigkeit stellt handlungsorientiertes Lernen die eigentliche Grundlage des Lernprozesses dar. Indem alle Sinne angesprochen werden, wird der Weg zum Thema und zum Lernen erleichtert.

Die Methode eignet sich vor allem für kürzere Unterrichtssequenzen, insbesondere aber für die Bearbeitung eines Projektes oder die thematische Gestaltung einer Studienwoche. Trotz vieler situationsbezogener Vorgehensentscheide kann und muss der Unterricht auch mit dieser Methode sorgfältig vorbereitet werden, vollzieht sich doch der Unterrichtsablauf mit dieser Lehrform in festlegbaren Phasen:

1. Vorbereitung:

Die Lehrperson ist besorgt für eine optimale Arbeitssituation. Bereits die Gestaltung des Raumes ist in die Planung miteinzubeziehen. Im Zimmer muss genügend Platz für ein ringförmig angeordnetes Plenumsgespräch vorhanden sein. Auch Arbeitsplätze für Kleingruppen sollen Berücksichtigung finden, vor allem wenn keine zusätzlichen Arbeitsräume zur Verfügung stehen. Material und Medien stehen bereit, und Arbeitsunterlagen, Pinwände, Notizmaterial (Karten und Papierstreifen), Filzstifte, Klebepunkte, Post it-Leimstifte, Flipchart und Hellraumprojektor sind in ausreichender Zahl und funktionstüchtig vorhanden.

Die Lehrkraft bereitet sich auch inhaltlich vor, erfordert doch die

Struktur eines Sitzungsverlaufes Planung bezüglich personeller wie auch stofflicher Gegebenheiten. Vor allem bei kürzeren Unterrichtssequenzen ist darauf zu achten, dass das Programm nicht überladen wird.

2. Einstieg oder Themenorientierung:
Sofern die Auszubildenden die Methode noch nicht kennen, müssen ihnen die Grundelemente und das Vorgehen erklärt werden. Erst dann wird die Arbeit aufgenommen. Das vorgegebene oder mit den Schülern ausgewählte Thema, die anzugehende Aufgabe, die z.B. visualisiert auf

Alle Sinne ansprechen

eine Pinwand geheftet ist, wird von der Lehrkraft begründet (Ausgangsinteresse). Hierauf werden die Erwartungen sowie Zielsetzungen der Schüler für die Themabearbeitung erhoben:

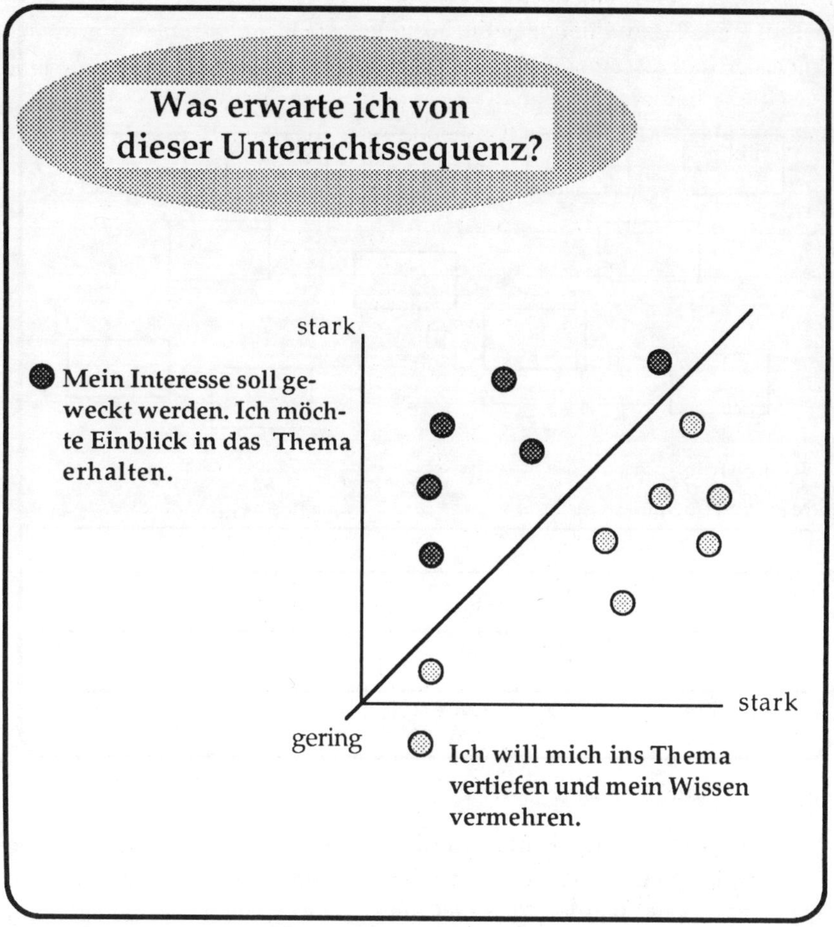

Mit Klebepunkten, die die Schüler und Schülerinnen auf ein aufgehängtes Plakatdiagramm verteilen, erläutern sie ihre Entscheide. Aus der gesamten Punktezahl wird ersichtlich, welche Arbeitsinteressen im Vordergrund stehen und wie Arbeitsgruppen zusammengestellt werden können.

Nach diesem ersten Zugang zur Thematik notieren alle auf einzelnen Karten, welche Teilthemen oder Aufgaben sie interessieren:

Welche Teilthemen interessieren mich?

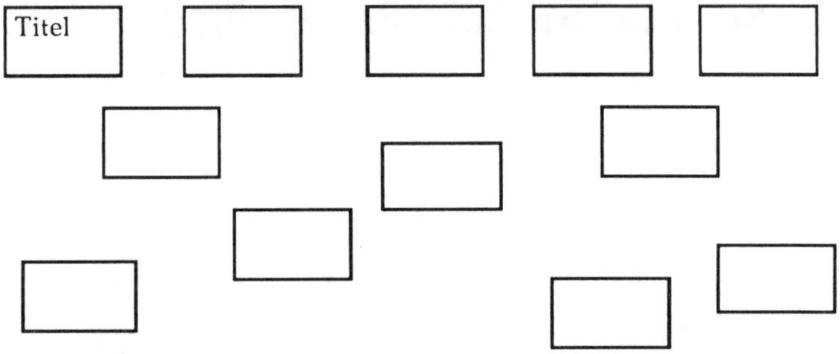

Reihenfolge

Nr.	Thema	Bemerkungen
1.		
2.		
3.		

Die eingesammelten Karten werden an die Pinwand geheftet, und die Gruppenmitglieder sortieren sie nach übergeordneten Themen. Einzelne Themengruppen werden gebildet und Schwerpunkte festgelegt. Bei einem anderen Vorgehen wählen die Auszubildenden aus der ungeordneten, schlagwortartigen Themenvielfalt Schwerpunkte aus. Mit fünf Klebepunkten, die verschiedenen oder auch nur einem Themenkärtchen zugeordnet werden, wird je nach erreichter Punktezahl die Themenrangreihe festgelegt. Anschliessend bilden sich die Arbeitsgruppen.

Anhand des Themenkataloges gibt die Lehrperson eine kurze Einführung zum Thema, und anschliessend wird der Arbeits- und Tätigkeitsplan vereinbart:

Arbeits- und Tätigkeitsplan

	Tätigkeit (was)	wer	mit wem	bis wann	wie	Bemerkung
1						
2						
3						
4						
5						
6						
7						

3. Inhaltsbearbeitung:

Der zeitliche Verlauf, der Arbeitsplatz, die Funktionen, die Verantwortlichkeiten, die geeigneten Arbeitsmethoden und die konkreten Aktivitäten werden festgelegt und die ausformulierten Fragen- und Gruppenaufträge bearbeitet. Die Resultate und Massnahmen – wiederum auf der Pinwand dargestellt – werden im Plenum von zwei Kleingruppenmitgliedern präsentiert. Die Zuhörer notieren sich dazu auf Kärtchen ihre Kommentare, Widersprüche oder Ergänzungen, die bei der späteren Auswertung der Resultate beigezogen werden. Zum Schluss wird in jeder Gruppe beraten, ob an der Thematik weitergearbeitet werden muss oder die Arbeit als abgeschlossen betrachtet werden kann.

4. Abschluss:

Am Ende der Unterrichtssequenz wird geklärt, ob die angestrebten inhaltlichen Ziele erreicht worden sind, d.h. ob die Ergebnisse mit den Zielen übereinstimmen, und der (negative oder positive) Ablauf der Zusammenarbeit wird eingeschätzt:

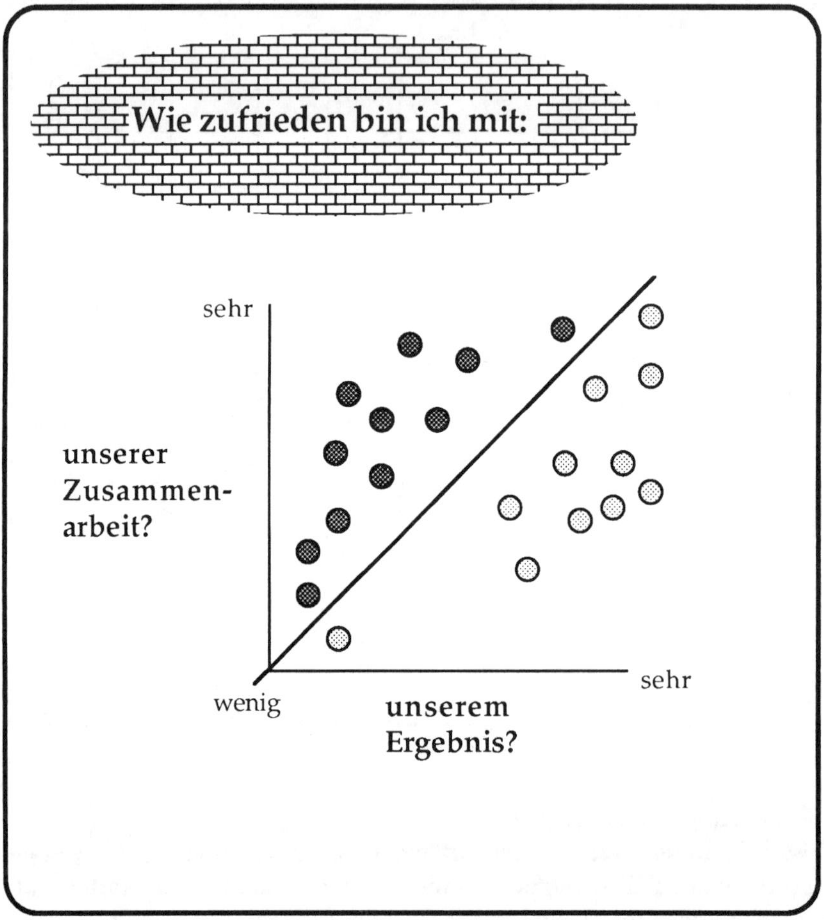

(Klebert 1987: 150)

Die Klasse entscheidet auch darüber, ob sie eine thematische Ausstellung mit einer Präsentation der Ergebnisse aufbauen möchte. Sicher sind die Gesamtergebnisse protokollartig festzuhalten. Die erstellten Plakate dienen dafür als Hilfsmittel oder werden (beispielsweise als Photographie) als Ergebnisprotokoll verwendet.

Wichtiger Bestandteil des Moderationsabschlusses bildet eine persönliche Auswertung, die als Resultat der Reflexion der eigenen Arbeit und Befindlichkeit auf einem Plakat wiedergegeben werden kann. Jedem Auszubildenden stehen wiederum zwei Klebepunkte zur Verfügung, die er nach seinem Ermessen zuteilen kann. Diese einfache Darstellungsform vermittelt einen groben Eindruck über die Zufriedenheit der gemeinsamen Arbeit.

Qualitätskriterien:
- ➡ Fördert das selbsttätige und selbständige Lernen und Arbeiten
- ➡ Baut auf der intrinsischen Motivation auf
- ➡ Hilft eigene Ziele festlegen
- ➡ Fördert die Visualisierung
- ➡ Spricht alle Sinne an
- ➡ Fördert handlungsbezogenes Arbeiten
- ➡ Lässt die Aktivität des Lehrers eingrenzen
- ➡ Fördert ein partnerschaftliches Verständnis
- ➡ Fördert die Arbeit in Gruppen und damit die Teamfähigkeit
- ➡ Zieht verschiedenste Medien mit ein
- ➡ Unterstützt Schlüsselqualifikationen wie sorgfältiges Arbeiten und gute Darstellung
- ➡ Entwickelt kommunikative Fähigkeiten

Verhaltensmöglichkeiten:
- ➡ Klare Einführung in die methodische Arbeit geben
- ➡ Visualisierungsmöglichkeiten gezielt einsetzen
- ➡ Genügend und funktionstüchtiges Arbeitsmaterial bereitstellen
- ➡ Konkret formulierte Aufträge vorgeben
- ➡ Arbeitsraum sorgfältig gestalten
- ➡ Raum für Eigentätigkeit gewähren
- ➡ Zu förderlichen Arbeits- und Lerntechniken anleiten
- ➡ Bei der Gestaltung des Arbeitsprozesses und der Ergebnisse helfen
- ➡ Eine differenzierte Frage- und Antworttechnik einsetzen

2. Schülerorientierte Lehr- und Lernformen

Die Auszubildenden und zukünftigen Berufsleute sehen sich aufgrund des gesellschaftlichen Wandels, der veränderten Arbeitswelt und der pädagogischen Entwicklung konfrontiert mit erhöhten Anforderungen bezüglich integrierter Aufgabenwahrnehmung, Selbstinitiative und Eigenverantwortung. Im Gegensatz zu früher haben reine Ausführungstätigkeiten weniger Bedeutung. Auf dem Weg zu einem ganzheitlicheren Unterricht, bei dem die Entfaltung aller kognitiven, methodischen, sozialen, emotionalen und körperlichen Fähigkeiten angestrebt wird, wird auf Seite der Auszubildenden ein hohes Maß an Selbständigkeit und Selbsttätigkeit sowie auf Seite der Lehrkräfte ein nicht-direktiver, partnerschaftlicher Handlungsstil erwartet. Damit soll die Schule reagieren auf Ansprüche wie Bildung von Mit- und Selbstverantwortung sowie Ent-

Selbstinitiative und Eigenverantwortung

wicklung von Selbstentfaltungswerten (Spontaneität, Kreativität, Flexibilität, Autonomie, Emanzipation, Ertragen von Unbeständigkeit usw.). Im Bestreben mehr Zusammmenhangswissen – vernetztes Wissen – aufzubauen, werden pädagogische, didaktische und methodische Vorstellungen und Verhaltensweisen den hohen Zielvorgaben entsprechend zu verwirklichen versucht, insbesondere auch mit schülerorientierten oder erweiterten Lernformen.

Wissen häuft und überholt sich heute so schnell, dass der Lehrende als einzige Informationsquelle und Wissensvermittler nicht mehr genügt. Auch andere Zugänge sollen genützt werden. Ausserdem ist neben dem grundlegenden Fachwissen mehr und mehr Planungs-, Steuerungs- oder Analysewissen gefragt, das durch Vermittlung allein nicht angeeignet werden kann. Gleichzeitig wird im Hinblick auf individuelle Mitverantwortung und Anpassungsfähigkeit im wirtschaftlichen und ökonomischen Bereich eine individuelle Förderung und Berücksichtigung der persönlichen Situation der Auszubildenden angestrebt. Auch messen die Lehrkräfte selber der Entfaltung der einzelnen Schülerpersönlichkeit, dem je individuellen Lernprozess und dem autonomen Lernen grösste Bedeutung zu.

Eine Antwort auf die insgesamt hohen Anforderungen an zeitgemässen Unterricht sind schülerorientierte Lehr-/Lernformen und schülerorientierter Unterricht – oft auch als offener oder erfahrungsorientierter Unterricht bezeichnet. Ein Wechsel von einem Lehr- zu einem Lehr-/Lernsystem ist angesagt, und Lernformen sind gefragt, die befähigen, «Wissen im Rahmen einer fremdgesetzten Aufgabe selbständig zu organisieren, untereinander abzustimmen und zielorientiert zu überprüfen.» (Weilnböck-Buck 1/91: 24) Während im traditionellen Unterricht zwischen Lehrenden und Lernenden eine Trennung besteht, strebt der ganzheitliche Unterricht danach, diese beiden Unterrichtsakteure zu aktiv Gestaltenden des Lehr-/Lernprozesses werden zu lassen. Neben den Lehrenden prägen und steuern neu auch die Lernenden ihren Lernprozess mit. Der Lernende wird zum Lehrenden und umgekehrt.

Schülerorientierte Lernformen basieren auf einem veränderten Menschenbild und Lernverständnis. Der Mensch wird als ein am Lernen interessiertes, eigentätiges, nach Selbstverantwortung strebendes und selbständiges Wesen verstanden und muss nicht mehr durch Kontrolle und straffe Führung zu seinem Lernglück gezwungen werden, sondern seine Bedürfnisse, seine Interessen sowie seine Einsicht in die Zielsetzungen steuern und beeinflussen seinen Lernwillen und seine Lernbereitschaft. Methoden, die diesem Menschenbild entsprechen, stellen die Person des

Lernenden in den Vordergrund und sind handlungsorientiert, aktivitäts- und selbständigkeitsfördernd.

Unterrichtsgestaltung muss beim Auszubildenden durch Transparenz und Einsicht Lernbereitschaft wecken. Er wird in seinem Lernen unterstützt, wenn er die unterrichtliche Gestaltung und Verfahrensweisen erfasst, Lernaktivitäten oder Lernaufgaben versteht und allgemeine Zielsetzungen und konkrete Handlungsziele erkennt. Deshalb muss die methodische Gestaltung des Unterrichts einsichtig sein. Der Einsatz neuer oder auch vielfältiger Methoden allein bürgt noch nicht für guten Unterricht. Die unterschiedlichen didaktischen Formen, Lehrverhaltensweisen und Aktivitäten sollen eigenständiges Lernen, Wissensstrukturen, Problemlöseverhalten und Sozialkompetenz aufbauen helfen, indem die Neugierde, Spontaneität und Erfindungskraft der Schüler und Schülerinnen angeregt werden.

Unterricht, der sich nach den Lernenden ausrichtet, wird von ihnen als sinnvoll, anforderungsreich, aber auch anstrengend erlebt. Er bereitet ihnen Freude, weckt ihr Interesse und Engagement und lässt sie zunehmend selbstverantwortlicher und selbständiger arbeiten, da sie inhaltlich, organisatorisch und methodisch-gestalterisch mitbestimmend teilnehmen. Erst mit allgemeiner, aber auch transferierbarer Methodenkompetenz für das selbständige Lernen (handlungsbezogene, schülerorientierte Lernformen) können Probleme, die analytisches oder synthetisches Denken erfordern, sinnvoll gelöst werden. Dies bedeutet, dass Methodenkompetenz zum Unterrichtsgegenstand erhoben werden muss.

Das tägliche, selbständige Lernen will erfahren und gelernt sein. Auch wenn sich Wissen heute schnell verändert, kommt der Lehrling oder die Lehrtochter nicht darum herum, sich Grundwissen anzueignen. Für den Erwerb dieses Faktenwissens wie auch des mehr und mehr geforderten Problemlösewissens, bedarf es der notwendigen Verfahren, die sichern, dass der Schüler und die Schülerin auf verschiedenen Qualitätsstufen sich Informationen aneignen, behalten, wiedergeben und in neuen Situationen einsetzen können. Sie sind auf verschiedene Lernformen angewiesen. Viele davon sind ihnen als Techniken auf Grund langer Schulerfahrung vertraut. Oft sind die Formen aber nicht reflektiert und auf den eigenen Lerntyp abgestimmt. Das Bewusstmachen eigener Lernverhaltensweisen und die Ergänzung mit erweiterten Lernformen erst schafft den Boden, um ein qualitativ hochstehendes System an selbständigem Lernen aufzubauen.

Voraussetzung für selbständiges, selbstorganisiertes Lernen ist eine Schule, die die Persönlichkeit und Ziele der Lernenden ernst nimmt und die unter deren Einbezug zu einem kooperativen Lernbegegnungs- und -arbeitsort wird. Die Schüler und Schülerinnen müssen sich auf eine Sache einlassen können und zu Produzenten eigener Lernleistungen werden. Hierin liegt der Anstoss für eine persönliche Lernmotivation als Ausgangspunkt zu bildendem Lernen, das anstatt vorgegebener Lernabläufe erkennende Suchaktivitäten zulässt. Selbständiges Lernen erfordert auch eine entsprechende Infrastruktur (Schulbibliothek, Mediensammlung, sinnvoll gestaltete Arbeitsplätze etc.), denn gerade diese unterrichtsstrukturellen Bestandteile in Verbindung mit anspruchsvolleren, beweglicheren Planungsformen des Lehrers sind mitbestimmend für die Verwirklichung und den Einsatz schülerorientierter Lernformen.

Zum Aufbau der methodischen Kompetenz der Auszubildenden gehört neben der Nutzung der vorhandenen Infrastruktur ebenfalls die zeitliche und inhaltliche Planung, die Einschätzung und Kontrolle des Lernfortschrittes und die Fähigkeit zur Metakognition. Besondere Aufmerksamkeit ist ausserdem der Entwicklung und Verfestigung von Lernstrategien und -techniken (etwa das Auffinden, Aufarbeiten und Speichern von Informationen, das Planen, Ordnen, Protokollieren und Präsentieren von Lerninhalten) zu schenken. Oberstes Ziel ist, Fähigkeiten und Grundlagen für lebenslanges Lernen zu schaffen.

Trotz des schülerzentrierten Ansatzes wird darunter aber nicht ein Unterricht verstanden, der losgelöst von allen curricularen und schulorganisatorischen Bindungen geführt wird. Vielmehr werden diese in das Unterrichtsgeschehen als feste Grösse miteinbezogen, und auf diesem Hintergrund wird selbstverantwortliches Lernen geplant. Die selbsttätigen Schüler und Schülerinnen müssen sich innerhalb eines allgemein vorgegebenen Themenbereiches orientieren, eigene Interessen entdecken, sich mit einem selbstgewählten Teilinhalt beschäftigen und selbständig eine Arbeitsorganisation aufbauen.

Schülerorientierte Lehr/Lernformen spiegeln wie der gesamte Unterricht Elemente der gesellschaftlichen Situation wieder. So sind darin Forderungen der Gesellschaft nach Individualisierung beim «indvidualisierenden und offenen Unterricht» enthalten. Individualisierung kann inzwischen als pädagogische Bewegung angesehen werden. Was aber ist damit gemeint? «Echte Individualisierung der Bildungsarbeit ist ein Grundprinzip aller Pädagogik... Individualisierung darf indes nicht verwechselt werden mit dem individualistischen Bemühen, einem Schüler seine schulische Laufbahn möglichst erfolgs- und konkurrenzkräftig einzurichten. Echte Individualisierung kennt nicht den Vergleich. Individualisierung meint auch nicht Vereinzelung. Nicht die pädagogische

Bemühung, den einzelnen isoliert zum Ziel zu bringen... Individualisierung wird auch nicht erreicht durch individuelle Absolvierung der Lernprogramme. Nicht die freie Zeitwahl des Gegenstandsbereiches ...., nicht das individuelle Arbeitstempo anhand eines Kartei-Systems freizugeben, trägt das Eigentliche echter Individualisierung schon in sich.... Das Prinzip der echten Individualisierung fordert eine Unterweisung und ein Lernen, die ganz vom einzelnen Menschen ausgehen.» (Müller - Wieland 1989: 110)

Denken, Planen und Handeln orientieren sich im individualisierenden Unterricht an Ganzheitlichkeit (Persönlichkeit des Auszubildenden, Entwicklung und Entfaltung, selbstverantwortliches Denken und Lernen, persönlicher Lernprozess, Lerninhalt und die damit verbundene Unterrichtsgestaltung, Persönlichkeit der Lehrperson). Individualisierendes Arbeiten als Ausdruck schülerorientierter Lernformen meint keineswegs einen Einzelunterricht, der die Klasse oder Gruppe als aufgelöst betrachtet und sich nur noch nach den Bedürfnissen des einzelnen Schülers oder der einzelnen Schülerin ausrichtet. Im Blickfeld bleiben immer auch der Mitschüler und die Mitschülerin. Es geht insgesamt vielmehr um eine differenzierte Betrachtung und Beachtung des Lernens und des Lernprozesses des einzelnen.

Auch die Erlebnisgesellschaft setzt Erwartungen in die Schule, die aber auch negative Folgen für intensive, schulische Arbeit haben können. Die Forderung nach Erlebnis, Konsum und Unterhaltung zwingt zur Erlebnisproduktion und «Action» und lässt die Lehrkraft im schlimmsten Fall zum Erlebnismakler werden. Für die Schule besteht die Gefahr, zum Ort für Konsumerlebnisse und Unterhaltung zu werden. Wenn aber allein dieser Anspruch (schülerorientiertes) Lernen bestimmt, verkommt der Unterricht zu einem Jahrmarkt, der die angestrebten Zielsetzungen in keiner Weise zu erfüllen vermag. Schülerorientiertes Lernen fordert von den Lernenden nämlich auch, dass sie ihren eigenen Weg – wohl unter Mithilfe des Lehrers – selber finden müssen. Die Lehrkraft tritt als Wissensvermittlerin zurück, und ihre Hilfleistungen stützen sich auf eine umfängliche Kenntnis der Lernprozesse. Die differenzierte, partnerschaftliche Führung schliesst konsequentes Verhalten ein und ist mit Anforderungen an die Schüler und Schülerinnen verbunden. Nicht nach einem Showmaster verlangt schülerorientierter Unterricht, sondern nach einem fordernden und fördenden Berater und Betreuer. Nur dieser kann mit erweiterten Lehr- und Lernformen zum Lernerfolg verhelfen.

Das selbständige Lernen der Schüler erfordert deshalb auch eine andere Professionalität der Lehrkräfte. Die Träger dieser Rolle haben sich durch grosse Flexibilität und Stabilität auszuzeichnen und den Lernproblemen, den schulischen und persönlichen Fragen der Schüler und Schülerinnen mit grossem Einfühlungsvermögen zu begegnen. Zudem müssen sie sich mit einer völlig neuen schulischen Situation befreunden, nämlich mit der Erwartung und dem Gefühl, nicht mehr ständig gebraucht zu werden, d.h. nur noch auf Abruf bereit zu stehen, und nicht mehr allein den Unterricht zu steuern. Die Lehrkraft legt dem Unterricht insbesondere eine Makrostruktur zugrunde, was eine umfassende und weitsichtige Vorbereitung erfordert, um der Gefahr zu entgehen, vor lauter Schüleraktivität die eigentliche Zielsetzung aus den Augen zu verlieren. Dies alles bedingt ein indirekteres Lehrerverhalten. Das umfassende Sachwissen kann nurmehr dosiert und punktuell eingesetzt werden, meist jedoch sofort auf relativ hohem Niveau. Der Überblick über die vielen Strukturierungsformen als Lernhilfen muss vorhanden und diese müssen schnell einsetzbar sein, um den Lernenden auf dem eingeschlagenen Weg effiziente Hilfeleistung zu bieten, damit sie unbehindert und rasch weitervoranschreiten können.

Die Auszubildenden selber haben sich durch Reflexion mit dem persönlichen Lernen, aber auch mit dem Unterricht zu befassen. Sie sehen dadurch als Folge der metakognitiven Auseinandersetzung ein, dass sie Unterricht nicht nur in einer Konsumhaltung über sich ergehen lassen können, sondern gezielt mitarbeiten müssen, um den Lernprozess (u.a. auch mit schülerorientierten Lehr-/Lernformen) mitgestalten zu können.

2.1 Die Lernbiographie als eine Grundlage eigentätigen Lernens

Die Lernbiographie konfrontiert den Auszubildenden mit seiner eigenen Lerngeschichte und den damit verbundenen Verhaltensweisen. Es werden Fragen gestellt bezüglich der eigenen Lerntätigkeit und des eigenen Lernverhaltens (z.B. Was bedeutet für mich Lernen? Wie sehen meine Lerntätigkeiten aus? Wovon bin ich geprägt?). Die Antworten auf diese Fragen bieten dem Schüler und der Schülerin Einsicht in ihr langjähriges, lernendes Tun. Sie erfassen reflektierend ihre Lerngeschichte und lernen ihre Lernstrukturen und -strategien kennen. Die Selbstreflexion ermöglicht ein vertieftes Verständnis und neue Einsichten über den eigenen Lernprozess und die -voraussetzungen. Durch das Erkennen alltäglich verwendeter Lernmuster und das Aufarbeiten alter Lernerfahrungen zeigt sich in der Folge der Weg zum eigenen Lernen und zu den persönlichen Lernzielen. Lernschwerpunkte und neue -strategien können damit erfolgreich entwickelt werden.

Schülerorientiertes Lehrerverhalten

Bei der Durchführung einer Lernbiographie wird nach Lernereignissen aus der Schulzeit oder aus dem ganzen erinnerbaren Leben gesucht. Sie werden aufnotiert und bildhaft darzustellen versucht. Aus den Aufzeichnungen werden anschliessend Schlussfolgerungen bezüglich des persönlichen Lernens gezogen. Erfahrungsgemäss findet Lernen in Prozessen statt, die untrennbar mit dem Leben einer Person verbunden sind. Dieser lerngeschichtliche Prozess soll deshalb aufgedeckt werden.

Vorgehen:

– Erinnerung: Einstieg (mit Erinnerungsgesprächen in Gruppen oder als Einzelarbeit): Die Schüler und Schülerinnen werden angeleitet, sich meditativ in Lernerlebnisse zu versenken und möglichst viele Erinnerungen in sich aufsteigen zu lassen, die mit verschiedensten Situationen in Verbindung stehen können. Sie fragen sich: Wie habe ich gelernt? Mit welchen Personen, an welchen Objekten, bei welchen Ereignissen habe ich Lernerfahrungen gemacht?

– Notizen: Die Erinnerungen, Assoziationen und Gedanken werden als Ereignisse ungeordnet notiert.

– Bearbeitung: Die Notizen werden nach vier bedeutsamen Kriterien auf verschiedenfarbiges A5-Papier übertragen, geordnet und bearbeitet.

• Personen rot
• Objekte
(Werkzeug, Bücher, Spielzeug usw.) grün
• Orte (Schule, Landschaften, Konzerte usw.) blau
• andere Lernerfahrungen weiss

– Darstellung: Die Lerngeschichte wird visualisiert. Dazu eignen sich verschiedene Verfahren:

– Die auf den farbigen Blättern notierten lernwirksamen Elemente werden collageartig auf ein Plakat aufgeklebt.

– Die chronologische Anordnung entspricht dem zeitlichen Ablauf des Bildungsprozess, und die Farben weisen darauf hin, welche Elemente zu welchem Zeitpunkt oder in welchem Entwicklungsabschnitt besonders bedeutsam waren. Evt. lassen sich auch wiederkehrende oder dominante Muster erkennen.

– Eine Ordnung nach Farben lässt Fragen zu wie: Welche Farbe kommt häufig vor? Warum? Sind es vor allem Personen, die mein Lernen prägen? etc.

– Die Lerngeschichte als Zeitkurve dargestellt, weist auf Lernmuster oder -strategien, die zu einem bestimmten Zeitpunkt vorherrschten und/oder immer wieder verwendet wurden. Evt. lassen sich überraschende Veränderungen, Lernleistungsspitzen oder besonderes Engagement feststellen.

– Analyse: Anhand der visuellen Darstellung wird die Lernanalyse durchgeführt, und Lernmuster und vertraute Lerntechniken werden erfasst (Welches sind die wichtigsten Aussagen? Welches sind die zentralen

Lernereignisse? Wo, wie und warum ereigneten sich die bedeutenden Lernereignisse? Welche Umgebungen und/oder Lernsituationen (Druck, selbstgewählter Lerninhalt usw.) sind lernfördernd? Warum? Welche Gefühle und Lebenserfahrungen (Geborgenheit, Anerkennung, Spannungen, Krisen usw.) sind im persönlichen Bildungsprozess besonders wichtig und bildend?). Der analysierte, persönliche Lernprozess wird formuliert.

– Konsequenzen: Aus der Analyse werden die Konsequenzen für das persönliche Lernen gezogen. Massnahmen zur Veränderung von Lernstrategien werden eingeleitet und wichtige Lerntechniken aufgebaut oder vertieft.

Mit einem zusätzlichen Fragebogen können noch weitere Bereiche (z.B. Lerneinstellung, Arbeitshaltung, Selbstorganisation) erfasst werden, die bei einer individuellen Bearbeitung evt. unberücksichtigt bleiben, jedoch noch zu mehr Klarheit verhelfen:

a. Zur Lerneinstellung

- Beschäftige ich mich mit meinem Lernen?
  - fast immer ❑
  - manchmal ❑
  - fast nie ❑

  Was kenne ich von meinem Lernen?
  Was ist mir vertraut?
  Kenne ich meine Lernformen?
- Lerne ich gerne?
  - fast immer ❑
  - manchmal ❑
  - fast nie ❑

  Welche Gefühle verbinde ich mit dem Lernen?
  Gibt es Situationen, Bedingungen, die bei mir negative Lerngefühle auslösen, die mich blockieren?
- Besitze ich beim Lernen Durchhaltevermögen?
  - fast immer ❑
  - manchmal ❑
  - fast nie ❑

  Erfasst mich Unruhe, wenn ich Aufgaben nicht lösen kann?
  Wechsle ich zu einer anderen Aufgabe?
  Versuche ich Lernprobleme eher allein zu lösen?

Suche ich Hilfe durch Nachfragen?
Kann ich mich gegen störende Einflüsse abgrenzen?

b. Zur Arbeitshaltung, Selbstorganisation

- Setze ich mir Ziele? ja ❑ nein ❑

  Leuchtet mir der Sinn meines Lernens, meines Lerngegenstandes ein?
  Verbinde ich mein Lernen mit längerfristigen Lebenszielen? (z.B. eine bestimmte Prüfung bestehen, Abschluss erreichen, Verdienst, Karriere)
- Entwickle ich mir einen Lern-Zeitplan? ja ❑ nein ❑

  Setze ich mir Lernetappen, um einen Überblick zu erreichen?
  Benütze ich einen Lernraster? Baue ich Pausen ein, um einen Lernrhythmus anzustreben?
  Welches ist meine optimale/minimale Lernzeit?
  Wo liegen die Grenzen meiner Aufnahmefähigkeit?
- Verwende ich Hilfsmittel? ja ❑ nein ❑

  Arbeite ich mit Skizzen, Vorlagen, Bildern etc.?
  Führe ich gleichzeitig Tätigkeiten aus?
  Schaffe ich Strukturen, Gitter, Titel?
- Kontrolliere ich meine Lernfortschritte regelmässig? ja ❑ nein ❑

  Vergleiche ich sie mit meinen Zielen?
  Verstärke ich mich selber?
- Vernetze ich mein Lernen und stelle ich Zusammenhänge her? ja ❑ nein ❑

  Lerne ich nur Details oder suche ich nach Gemeinsamkeiten?
  Stelle ich Verbindungen zu früher Gelerntem her?
  Benütze ich Eselsbrücken?

Auch die Ergebnisse des Fragebogens werden schriftlich festgehalten, dargestellt und analysiert. Sie dienen der Vertiefung und bilden in Verbindung mit der lerngeschichtlichen Auseinandersetzung eine hilfreiche Voraussetzung für schülerorientierten Unterricht. Zusammen mit entsprechenden schülerorientierten Lern- und Arbeitsformen (vgl. folgende Kapitel) wird damit selbständiges Lernen in der Schule erleichtert.

2.2 Werkstattunterricht

Werkstattunterricht meint ein breites Lernangebot, das sowohl auf ein bestimmtes Fach ausgerichtet, als auch fächerübergreifend gestaltet werden kann. Im Vordergrund stehen die Organisationsleistungen, die Materialbereitstellung und Betreuung durch die Lehrkräfte und die Eigentätigkeit, das selbständige Lernen der Schüler und Schülerinnen. «Werkstattunterricht entsteht aus einem vom Lehrer organisierten offenen Arrangement von Lernsituationen und Materialien, bei dem die Schüler Mitbestimmungsmöglichkeiten hinsichtlich der Arbeitsformen und Inhalte haben, so dass z.T. auch Schülerinteressen, -bedürfnisse, -initiativen zum mitbestimmenden Moment schulischen Lernens werden.» (Reichen o.J.: 1)

Werkstattunterricht als erweiterte Lehr-/Lernform muss auf einem pädagogisch-allgemeindidaktischen Konzept basieren, ansonsten er lediglich zu einem interessanten Rezept verkommt. Er sollte sich an anthropologischen und gesellschaftlichen Ueberlegungen, an pädagogischen Zielen (wie Erziehung zur Gemeinschaft, zu Teamfähigkeit, zu Mündigkeit und zu Selbständigkeit), aber auch am individualisierenden, selbständigen Lernen orientieren und gestattet einen aus Einzelteilen zusammenhängenden, schülerorientierten Unterricht, der problemlösende, handlungsorientierte, individualisierte und auch fächerübergreifende Vorgehensweisen zulässt. Insbesondere aber unterstützt er eine gestufte Einführung in das selbständige Lernen und bildet einen Einstieg in erweiterte, offene Lehr- und Lernformen. Die vorgebenen Anweisungen und Lernanleitungen lassen den Lernenden viel Raum, um selbstverantwortlich planen, arbeiten und lernen zu können. Werkstattunterricht orientiert sich also nicht nur an den Anforderungen der Lehrkräfte und des Lehrplans, sondern berücksichtigt auch die Lern- und Inhaltsinteressen der Auszubildenden. Die Schüler und Schülerinnen werden als Lernsubjekte in den Unterricht einbezogen, indem ihnen verschiedene Entscheidungsmöglichkeiten (von Lerninteressen bis zur Gestaltung der eigenen Arbeitsweise) zur Verfügung stehen.

Trotzdem bleibt der Lehrkraft genügend Raum, durch beratende Unterstützung steuernd auf das Arbeitsgeschehen und die Lernprozesse Einfluss zu nehmen. Ihr fällt die Aufgabe zu, «zwischen den subjektiven Lerninteressen der Schüler und den objektiven Lernanforderungen zu vermitteln.» (Reichen o.J.: 11) Eine umfassend denkende Lehrkraft ist Bedingung. Nicht die alles organisierende, planende und leitende Lehrperson steht im Mittelpunkt. Sie schafft vielmehr aus dem Hintergrund ein förderliches Lernumfeld und ist Helferin, Lernanimatorin und Beraterin. Der Unterricht wird von ihr zwar vorbereitet und evaluiert, aber die eigentliche Durchführung liegt vor allem in den Händen der Schüler und Schülerinnen. Neben den rein didaktischen Gesichtspunkten hat sie auch der Raumgestaltung Beachtung zu schenken. Eine sorgfältig geplante Werkstatt bedarf einer guten Arbeitsatmosphäre, einer anregenden Lernumgebung. Das Schulzimmer wird in verschiedene Werkstattarbeitsplätze umgebaut, die mit dem notwendigen Material versehen sind und an denen die Schüler und Schülerinnen konzentriert arbeiten können.

Je nach Differenzierungskriterium (Grad der Selbständigkeit, inhaltlicher Anspruch und didaktische Funktion, Komplexität der Form) lassen sich verschiedene Formtypen von Werkstattunterricht festlegen.

a. Differenzierung bezüglich des Selbständigkeitsgrades bei der Bearbeitung der Lerninhalte:

1. Unterricht mit zugeteiltem Lernangebot: Er bildet eigentlich erst eine Vorform von Werkstattunterricht. Die Schüler bearbeiten zwar verschiedene Lernaufgaben, doch werden diese von der Lehrperson bestimmt und ausgewählt.

2. Angebotsunterricht zur Auswahl: Die Auszubildenden bearbeiten Aufgaben, die sie frei aus einem Angebot, das der Lehrer oder die Lehrerin vorher bereitgestellt hat, auswählen. Das Rahmenangebot enthält neben grundlegenden Lernaufgaben aus dem allgemeinbildenden Unterricht auch offene Anregungen zu kreativem und musischem Gestalten, welches der Selbststeuerung des Lernens durch die Auszubildenden grösseren Spielraum lässt.

3. Freie Schülerarbeit: Die Lehrkraft gibt keine Vorgaben. Die Schüler und Schülerinnen entscheiden für sich, welchen Lernaufgaben sie sich zuwenden wollen. Auch diese unterrichtliche Arbeit der Schüler ist strukturiert und nach einer bestimmten Planung ausgerichtet, doch wird diese weitgehend von den Lernenden selbst vorgenommen und durchgeführt.

b. Differenzierung bezüglich des inhaltlichen Anspruchs und in der didaktischen Funktion:

1. Thematisch gebundener Werkstattunterricht: Alle Lernangebote orientieren sich an einem Thema. Die Schüler und Schülerinnen haben die

Möglichkeit, aus verschiedenen Angeboten auszuwählen; der Rahmen des Lerninhaltes bleibt jedoch recht eng.

2. Thematisch ungebundener Werkstattunterricht: Er kann als fächerübergreifendes Angebot angesehen werden oder auch als eine Möglichkeit, dem Schüler oder der Schülerin viel Raum für die eigene thematische Wahl zu lassen.

3. Erfahrungswerkstatt: Sie ermöglicht die Bearbeitung eines Sachthemas, das die verschiedenen Aspekte einbezieht. Dabei stehen vor allem «das Erleben, Erfahren, Problemlösen, Entdecken, Erkunden, Aufbauen von Einsichten, Wahrnehmen und Verstehen von Phänomenen, Erkennen von Prinzipien, Gesetzen...» (Gasser 1989: 116) im Vordergrund.

4. Übungswerkstatt: Sie dient dazu, bereits bearbeitete Lerninhalte zu festigen. An verschiedenen Arbeitsplätzen werden vielfältige Übungsformen bereitgestellt. «Einüben, Vertiefen, Festigen, Durcharbeiten, Anwenden, Übertragen, Lernkontrolle, Test....» (Frey 1989, Kap. 23: 11) sind Ziele, die durch selbständiges Arbeiten erreicht werden sollen.

c. Differenzierung bezüglich der Komplexität der Form:

1. Reiner Werkstattunterricht: Er stellt das eigenverantwortliche und selbständige Lernen und Planen der Schüler und Schülerinnen in den Mittelpunkt.

2. Vermischter Werkstattunterricht: Er ist phasenweise mit anderen Unterrichtsformen durchmischt, beinhaltet also auch lehrerorientierte Teile.

3. Begleitender Werkstattunterricht: Er stellt ein Teilelement innerhalb des konventionellen Unterrichts dar. Der lehrergesteuerte Unterricht wird durchbrochen durch eine Teilwerkstatt, bei der die Schüler die Möglichkeit haben, einzelne Aspekte individuell zu bearbeiten oder sich mit einem freiwilligen Ergänzungsangebot zu beschäftigen (nach Wipf: 4/1990: 6).

Vorgehen:

Werkstattunterricht als Lehr/Lernform orientiert sich wie jede andere Unterrichtsform an den Zielen, an den Grundsatzüberlegungen zum Lerninhalt, dem Lernen der Auszubildenden und an den pädagogischen Bedingungen. Er kann daher nicht nur als auflockerndes Element in den

Unterricht eingefügt werden, sondern muss von seiner spezifischen Bedeutung und seiner Leistungsfähigkeit her für eine bestimmte Lernsituation ausgewählt werden.

Eine wichtige Komponente allen Werkstattunterrichts stellt die zeitliche Gliederung dar. Sie ist abhängig vom Lerninhalt, von der Erfahrung der Lehrkraft und der Auszubildenden, vom zur Verfügung stehenden Material sowie vom gesamten Zeitbudget. (Beim allgemeinbildenden Unterricht in der Berufsschule sind lediglich Zeitspannen von ein bis drei Stunden möglich. Es ist deshalb sinnvoll, diese Zeitabschnitte über mehrere Wochen hinweg für Werkstattunterricht zu benützen.) Ist der Entscheid für die Durchführung einer Werkstatt gefallen, so ist es u.U. sinnvoll, aus dem Normalunterricht Teile auszuscheiden und sie später in einen Werkstattplatz zu integrieren. Dies lohnt sich insbesondere bei einer Übungswerkstatt.

Vom zeitlichen Ablauf her kann die Werkstatt am Anfang, in der Mitte oder am Schluss einer längeren Lernphase angesetzt werden. Den Schülern und Schülerinnen muss ein vielfältiges Lernangebot zur Verfügung stehen, das eine wirkliche Wahl ermöglicht. «Das Mehrangebot soll etwa 30–50% ausmachen, d.h. der Zeitrahmen vergrössert sich um den Faktor 1,3–1,5. Wer also 10 Stunden Werkstattunterricht anbieten will, muss Lernangebote zusammenstellen, zu deren vollständiger Bearbeitung ein durchschnittlicher Schüler 15 Stunden brauchen würde». (Schader 1990: 3) Die Lernaufgaben sollten vom Zeitrahmen her überschaubar sein, damit die Auszubildenden ein Ende des Auftrages absehen können. Ein Zeitabschnitt für einen Auftrag sollte minimal etwa 20–30 Minuten umfassen. Eine Aufgabensteigerung wird vorgesehen. Die Grundaufgaben orientieren sich am allgemeinen Ausbildungsstand des Schülers oder der Schülerin, die Anschlussaufgaben dienen der Weiterführung oder Vertiefung des Themenbereiches und die Zusatzaufgaben lassen Spezialisten Platz, um thematische oder persönliche Interessen weiterzuverfolgen. Eine gut geplante Werkstatt, die sich am Lernenden orientiert, beinhaltet auch ein «Leerangebot», so dass die Schüler eigene Aufträge zum Lerninhalt formulieren und bearbeiten können.

Werkstattunterricht erfordert eine langfristige Vorbereitung. Dabei beansprucht das Sammeln von Material am meisten Zeit. Jedoch auch die sorgfältig formulierten Lernaufgaben oder Arbeitsaufträge der verschiedenen Lernsequenzen, die sich an inhaltlichen, methodischen, sozialen und personalen Zielen orientieren, sind zeitlich aufwendig. Die Werkstattkarten müssen verständlich abgefasst sein, so dass keine Rückfragen nötig sind und sich die Lehrkraft zurückhalten kann.

In einem ersten Schritt wird mit dem Sammeln von umfangreichem Material begonnen, wobei die Schüler und Schülerinnen miteinbezogen werden. Das Material bildet die Basis, auf die sich die Auszubildenden bei ihrer Arbeit abstützen. Es soll motiviertes, selbständiges und selbstkontrollierendes Arbeiten zulassen und autonomes Lernen wirklich unterstützen. Deshalb müssen die Lernenden zum voraus über die bevorstehende Werkstatt orientiert werden.

Werkstattunterricht: 1. Schritt – Sammeln von Material

Als nächster wichtiger Schritt folgt die Formulierung der verschiedenen Werkstattkarten mit den Lernaufträgen für die entsprechenden Arbeitsplätze. Dabei kann nach einem Grundmuster vorgegangen werden:

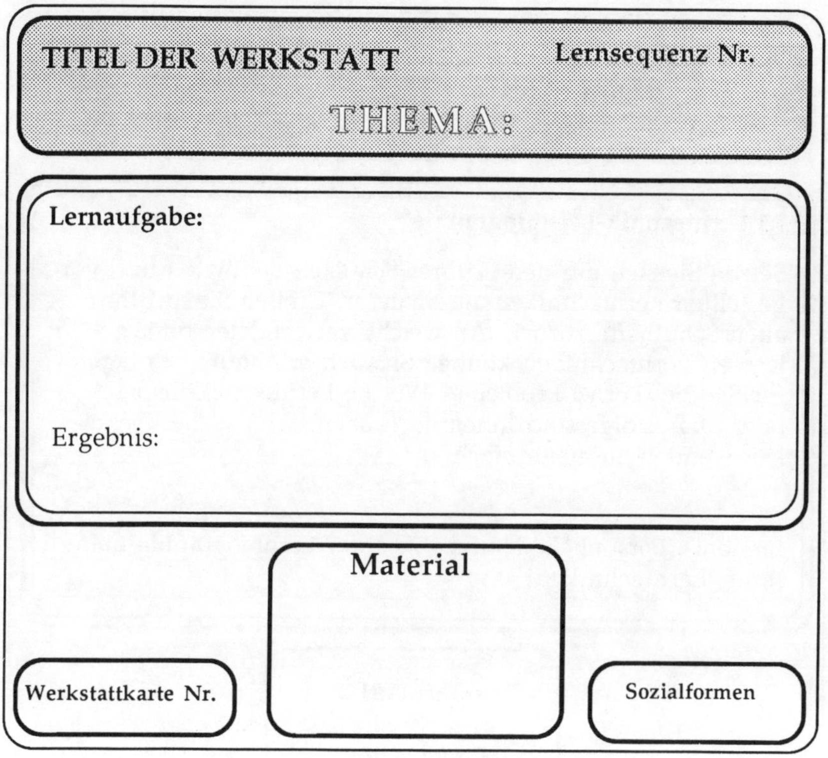

Gemäss dieses Rasters wird die Arbeitskarte mit den entsprechenden Angaben versehen, z.B.: *(siehe Abbildung Lernbiographie Seite 100)*

Zum voraus beschäftigt sich die Lehrkraft auch mit Fragen der Gestaltung und Einrichtung des Schulzimmers, mit den notwendigen Arbeitsplätzen und zweckdienlichem Arbeitsmaterial.

Erst jetzt beginnt die eigentliche Arbeit der Schüler und Schülerinnen. Dazu bedarf es zuerst einer klaren Einführung in die Arbeitsweise als auch arbeitsunterstützender Anweisungen und Verhaltensregeln zur Organisation, zum Vorgehen, zur Benützung des Materials und zum Zeitbedarf. Anhand des Angebots entwerfen die Auszubildenden einen Lernplan und bestimmen den Lernweg und die Reihenfolge der zu bearbeitenden Werkplätze. Ebenso sollte von Arbeitsbeginn an ein Lernprotokoll geführt werden. Während die Schüler und Schülerinnen ihre erste Werkstattkarte, ihren Arbeitsplatz, ihre allfälligen Arbeitspartner auswählen und die Organisation ihrer Arbeit vornehmen, steht die Lehrperson als Beraterin und Helferin zur Verfügung.

LERNEN **Lernsequenz 5**

LERNBIOGRAPHIE

5.1 Lerntechnik-Lernbiographie

Setzen Sie sich mit den in Ihrer Schulzeit benützten und vorgestellten Lerntechniken auseinander. Greifen Sie auf Ihre alten Schulhefte zurück. An welche verwendeten oder gelehrten Lerntechniken können Sie sich erinnern? Wo lagen für Sie die (Lern-) Probleme? Welche Lerntechnik-Erfolge oder Misserfolge sind Ihnen noch bewusst? Welche Techniken wenden Sie heute noch an?

Ergebnis: Persönliche Notizen zu Ihrer Lernbiographie und zu Ihren Lerntechniken

Material

Persönliche Volksschulunterlagen

Werkstattkarte 5.1 **Sozialform PA/GA**

Die Lernkontrolle, die Selbstbeurteilung, die Selbstbewertung der Arbeit oder die Überprüfung der Teilresultate durch einen Lernpartner wie auch die sequenziellen Besprechungen während des Arbeitsablaufes bilden wesentliche Bestandteile einer Werkstatt. Es ist der Ort, wo die formative Beurteilung einen festen Platz einnimmt. Als Hilfe zur Selbstkontrolle beim zielgerichteten Arbeiten, bei der zeitlichen Planung und vielfältigen Aufgabenauswahl sowie um einen klaren Überblick über ihren Arbeitsstand zu erhalten, führen die Auszubildenden eine Arbeitskarte: *(siehe Abbildung Seite 101*

Die Lehrperson weist während des Unterrichtsverlaufs die Lernenden auf ihre Entwicklungsfortschritte, auf ihre Formen und Techniken des Lernens hin und bietet Hilfe für die Verbesserung, Steuerung und Kontrolle der Lernprozesse. Zugleich schenkt sie auch der Überprüfung der

Namen: / Lernaufgabe										
	PA				GA					
	O							▲		
			EA		GA					
			▲					GA		
					■			GA		
					GA					
	PA							GA		

O = ausgewählte Arbeitskarte
▲ = in Bearbeitung
■ = abgeschlossen
= Einzelarbeit (EA)
= Partnerarbeit (PA)
= Gruppenarbeit (GA)

Zwischenergebnisse die notwendige Beachtung. Organisatorische Korrekturen können für den weiteren Unterrichtsverlauf förderlich sein. Auch der Lehrer oder die Lehrerin sollte für jeden Schüler oder für die Klasse eine Arbeitskarte führen und Beobachtungen über das laufende Arbeitsgeschehen aufzeichnen. Im Hintergrund zu bleiben, meint nicht, sich vom Unterrichtsgeschehen zu dispensieren. Aktives Beobachten und die Bereitschaft zur Hilfe und Unterstützung sind andauernd erforderlich.

Den Abschluss der Werkstattarbeit bildet eine differenzierte Auswertung. Die Lehrkraft hat einen wesentlichen Beitrag bei einer eventuellen Präsentation und vor allem bei der Evaluation der Arbeitsergebnisse, der Reflexion des Werkstattgeschehens und des Lernprozesses zu leisten. Die Ergebnisse werden mit den Zielen der Lernenden und den integrierten Lehrplanzielen verglichen. (z.B. Wurde selbständig gearbeitet? Waren individuelles Lern- und Arbeitstempo möglich? Waren die Arbeitsplätze sinnvoll eingerichtet? Hat sich eine gute Arbeitsatmosphäre entwickelt? Haben die Schüler und Schülerinnen die angestrebten inhaltlichen und methodischen Ziele, den beabsichtigten Lerngewinn, erreicht?) Die Rückmeldungen und die Erfahrungen bilden Anlass, die nächste Werkstatt entsprechend zu korrigieren und weiterzuentwickeln. Auch bei diesen abschliessenden Arbeitsschritten muss den Lernenden viel Raum für Eigenaktivität, auch bezüglich der Selbstbeurteilung, zugestanden werden.

2.3 Fallstudie

Arbeiten mit einer Fallstudie bedeutet, auf der Grundlage einer Alltagssituation – eines Falles, der aus den verschiedensten Fachbereichen stammen kann – bezüglich einer Problematik, die verschiedene Lösungsmöglichkeiten beinhaltet, durch Abwägen der Fakten und mit fundierten Begründungen zu einer Entscheidung zu gelangen. Diese Arbeitsweise ermöglicht es, exemplarisch «ein Stück wissenschaftlicher Arbeitsmethodik kennenzulernen und einen ersten Einblick in ein Forschungsgebiet zu gewinnen.» (Frey 1991: Fallstudie Elektromobile) Vor allem im Bereich der Entscheidungsfindung verhilft die Fallstudie zu selbständigem Lernen. Zugleich lässt dieses Verfahren den Lernenden viel Raum für themenbezogene Diskussionen und eigenständige Urteilsbildung.

Die Arbeit der Schüler und Schülerinnen basiert auf einer realen, ungelösten Fall- oder Problemsituation. Sie stützt sich auf eine klare, offene Fragestellung und entsprechendes Unterlagenmaterial, das ohne Eingreifen der Lehrkraft konträre Standpunkte aufbauen hilft und begründete Entscheidungen ermöglicht. Um verschiedene Standpunkte entwickeln zu können, sollte die Fallarbeit in Gruppen absolviert werden. Dies gestattet neben der Standpunktfindung auch eine Arbeitsteilung, eine rationeller Verarbeitung der Unterlagen und unterstützt gemeinsames Handeln.

Die Lehrkraft ist sich ihrer Funktion bewusst und baut die Fallstudie der Methode entsprechend auf. Ihre zentrale Aufgabe besteht im Bereitstellen des Materials, das so ausgewählt wird, dass der Fall durch die Auszubildenden allein gelöst werden kann, d.h. der Lehrer oder die Lehrerin stellt keine gängelnden Fragen, fordert keine Zwischenlösungen und behindert die Eigentätigkeit der Schüler nicht durch neue Materiallieferungen. Eine Fallstudie muss auch ohne Anwesenheit der Lehrperson zu einer Lösung oder Klärung führen.

Vorgehen:

Unterricht mit einer Fallstudie beginnt mit der Vorarbeit der Lehrperson. An erster Stelle steht die Themenwahl. Sie muss offene Fragen oder eine Problemstellung mit verschiedenen Lösungsmöglichkeiten beinhalten. Die eigentliche Fragestellung muss kurz und klar abgefasst sein (z.B. «Soll die Drogenabgabe freigegeben werden?») und darf in keinem Fall eine versteckte Zielsetzung der Lehrkraft enthalten.

Die Auswahl und Bereitstellung des Fallmaterials erfordert grosse Sorgfalt. Brauchbare Materialquellen bilden Artikel von Wissenschaftsjournalisten der Tageszeitungen, Fachblätter, Unterlagen von Firmen, Sachbücher und natürlich alle Bibliotheken. Das ausgewählte und festgelegte Materialpaket muss sichtbar gegliedert sein, damit die Schüler einen schnellen Überblick über die Unterlagen gewinnen. Die Auszubildenden können sie jedoch bei der Verarbeitung in eine andere, nach ihrem Ermessen sinnvollere Ordnung bringen. In bezug auf den Umfang des Materials soll bei der Planung berücksichtigt werden, dass es in der vorgegebenen Zeit – sinnvoll sind etwa sechs Unterrichtsstunden – bearbeitet werden kann.

Nach diesen grundlegenden Vorbereitungsarbeiten macht der Lehrer oder die Lehrerin die Auszubildenden vorerst mit der Arbeitsform und -weise bekannt und gibt die nötigen organisatorischen Anweisungen (Arbeit in der Gruppe, zur Verfügung stehende Zeit, Arbeitsplätze). Anschliessend beginnen die Schüler und Schülerinnen selbständig zu arbeiten. Ihr Arbeit verläuft in sechs Schritten:

1. Das aktuelle Problem durchdringen

Zuerst beschäftigen sich die Schüler und Schülerinnen anhand des vorgelegten Materials mit der Fragestellung. Das Problems wird erfasst und festgelegt. Mit einem mind mapping oder brainstorming können die verschiedenen Standpunkte des Falles herausgearbeitet werden, ohne schon an Lösungen zu denken. Entsprechend den Problemaspekten kann die Lesearbeit aufgeteilt werden.

2. Material gewichten

Das Material wird nach Standpunkten geliedert und aufgeteilt oder im Hinblick auf seine Brauchbarkeit geordnet. Die Artikel werden für einen allfälligen Austausch oder Rückgriff bezeichnet. Das eigene Wissen, ähnliche Erfahrungen sowie persönliches oder schulische Material werden als Zusatzinformationen beigezogen und verarbeitet.

3. Mögliche Problemlösungen suchen
Nun beschäftigen sich die einzelnen Schüler und Schülerinnen vertieft mit einem Einzelaspekt des Problems. Nachher werden die Informationen in der Gruppe ausgetauscht. Das angeeignete Wissen soll nun helfen, alternative Entscheidungsmöglichkeiten oder Massnahmen zu diskutieren.

4. Lösungen ausprobieren
Die verschiedenen Vorschläge werden gewichtet, beurteilt und auf ihre Folgen, Vor- und Nachteile hin befragt. Nichtbedachtes oder ausgeblendete Aspekte werden einbezogen und bekannte Fälle zum Vergleich gesichtet. Unklare Lösungsvorschläge werden evt. rollenspielähnlich durchgespielt. Schliesslich wird die brauchbare, begründete und argumentativ abgesicherte Lösung festgelegt.

5. Konsequenzen formulieren
Die aus dem Lösungsentscheid abzuleitenden Massnahmen und Konsequenzen werden besprochen und bestimmt. Wenn bereits ein ähnlicher Fall vorliegt, wird verglichen. Allfällige Unterschiede werden begründet.

6. Reflexion
Zuletzt werden Überlegungen zum Vorgehen angestellt und notwendige Korrekturen vorgenommen. Dabei sind neben der Reflexion des Lern- und Arbeitsprozesses insbesondere dem selbständigen Lernen Beachtung zu schenken. Da diese Methode den Auszubildenden wirklich an selbständiges Arbeiten und begründete Urteilsbildung heranführen soll, sind auch das Verhalten der Lehrperson, der Nutzen des Materials und das Arbeitsvorgehen genau zu überdenken und kritisch zu durchleuchten, damit Konsquenzen für später abgeleitet werden können.

2.4 Planspiel

Das Planspiel beruht auf einer fiktiven Spielsituation, die in verkürzter Form die Wirklichkeit abbildet. Es simuliert soziale, juristische, ökonomische und ökologische Prozesse in einem komplexen Geschehen, den Erwerb, die Anwendung und Vertiefung von Wissen und Handlungsstrategien als Probehandeln sowie die Steuerung von Gruppenprozessen. Dieser vielfältige Lernprozess orientiert sich am selbständigen Lernen und am Motto «Lernen macht Spass».

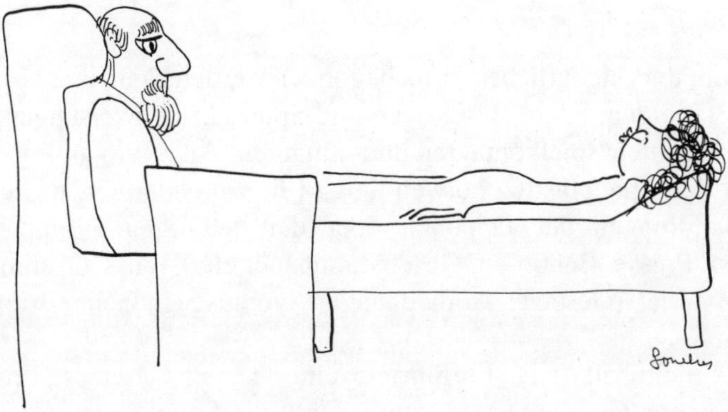

Planspiele – fiktive Spielsituationen

Die Vielfältigkeit ist Ursache für die hohen Ansprüche dieser Lernmethode. Denn auch bei guter Organisation und Ausrichtung auf schüler- und sachgerechte Zielsetzungen, enthält dieses unterrichtliche Arbeiten eine grosse Eigendynamik, die zum voraus mitbedacht und auch zugelassen werden muss. Die rollenspielähnliche Anlage des Vorgehens macht Kräfte in den Schülern und Schülerinnen frei, die sich als Auskosten und Ausprobieren von erwünschten Rollen äussern und so von den inhaltlichen und auch sozialen Zielsetzungen abweichen können. Die sich dabei entwickelnden Gruppenprozesse sind durch die Spielleiter und -leiterinnen wahrzunehmen, durch entsprechende Interventionen aufzufangen und in ergebnisorientierte Handlungen umzuleiten.

Das Planspiel bietet Gewähr für eigenständiges und autonomes Lernen. Die Schüler und Schülerinnen müssen sich zwar an die vorgebenen Strukturen und Anweisungen halten. Doch im Spielkontext selber bleibt viel Raum für kreative Gestaltung der eigenen Rolle und inhaltsbezogenes Handeln. Insbesondere der Spielcharakter lässt ein fast unbeschwertes Lernen zu. Als Probehandeln können Realsituationen vorausgenommen und mögliche Probleme erlebt werden, ohne dass mit allfälligen Sanktionen zu rechnen ist. Zudem lässt die Vernetzung zwischen den einzelnen Gruppen die Spieler und Spielerinnen die Abhängigkeitsmechanismen, aber auch hervorstechende Einzelinteressen erkennen. Das zwingt sie, sich in andere und deren Argumentation und Denkweise einzufühlen und diese zu verstehen. Sie sind gefordert, sowohl analytisch als auch synthetisch zu denken und ihr Handeln als im System vernetzt und verankert zu erleben.

Vorgehen:

Bevor mit dem eigentlichen Spiel begonnen werden kann, muss Vorarbeit geleistet werden. Klare Beschriebe und Spielschrittanweisungen führen zu gewünschten Spielkontakten und -abläufen. Alles was an Informationen für den Spieleinstieg notwendig ist (die angenommenen Ereignisse und Handlungen der Personen oder der beteiligten Gruppen, z.B. Parteien, Presse, Behörden, Geschäftsinhaber etc.), muss zusammen mit dem Material (Gesetze, Abmachungen, vorausgegangene Briefe etc.) vorliegen.

Der Spielinhalt (z.B. Einführung eines neuen Gesetzes, Eröffnung eines eigenen Geschäftes etc.) wird durch die Spielleitung beschrieben und festgelegt. Die Ausgangssituation wird genauestens und den realen Gegebenheiten gemäss geschildert (z.B. wo der Ort liegt, in dem die Ortsplanungsverordnung eingeführt werden soll; welche Interessengruppen und Personen Einfluss nehmen wollen; wie die heutige Infrastruktur aussieht; welche Presseerzeugnisse das Thema aufnehmen). Auch für die im Spiel agierenden Personen oder Gruppierungen ist ein differenzierter Rollenbeschrieb abzufassen.

Je nach Aufwand und Dauer des Planspiels sind neben dem Inhalts- und Rollenbeschrieb auch verbindliche Spielregeln erforderlich, damit das Spiel nicht in Willkürlichkeit endet. Als Regeln sind zu beachten:

- Die Ausgangssituation und der Rollenbeschrieb sind für alle Spieler und Spielerinnen verbindlich, sobald sie von ihnen genehmigt worden sind.
- Die Entscheidungen der Spielleitung sind zu akzeptieren.
- Alle mündlichen und schriftlichen Kontakte zwischen den Spielgruppen müssen der Spielleitung gemeldet und von ihr genehmigt werden.
- Die Spielentscheidungen und -züge der einzelnen Gruppen sind der Spielleitung schriftlich zu übermitteln. Die Spielleitung registriert die Spielzüge und leitet sie an die entsprechende Gruppe weiter.
- Bilden gruppendynamische Prozesse Bestandteil des Spiels, wird punktuell ein Beobachter eingesetzt, um das Geschehen anschliessend zu besprechen.
- Über den Verlauf des Spieles wird eine Auswertung durchgeführt.

Die Spielhandlungen werden zwar von den Spielern und Spielerinnen selbständig geplant und durchgeführt, jedoch die zentrale Schalt- und Poststelle im Spielgeschehen stellt die Spielleitung dar. Alle gruppenübergreifenden Aktivitäten laufen über diese Zentrale. Jeder einzelne Spielschritt wird dieser schriftlich überbracht und von ihr an die

Adressatengruppe weitergeleitet. Damit bleibt der Überblick über das Spielgeschehen gesichert, und die Leitung kann jederzeit steuernd eingreifen.

Das Planspiel basiert auf Spielschritten, die durch die Spielleitung, vor allem aber durch die Spielgruppen, anhand des Spielschrittformulars initiert werden:

<table>
<tr><td colspan="2">ABSENDER</td><td>EMPFÄNGER
(Immer alle Empfänger anführen)</td></tr>
<tr><td>DATUM</td><td>GENAUE ZEIT</td><td>FORTLAUFENDE SPIELSCHRITTE

Nr.</td></tr>
<tr><td colspan="3">MITTEILUNG</td></tr>
</table>

Dieses Formular ist in entsprechender Anzahl auszufüllen. Ein Exemplar geht an die Spielleitung und orientiert über das Spielgeschehen. Mehrere Exemplare erreichen die vom Spielschritt betroffenen Gruppen und eines bleibt beim Absender zurück. Das Spielschrittformular gibt Auskunft über das Ansinnen des Absenders (z.B. Vereinbarung einer Sitzung mit dem Empfänger, um notwendige Informationen zu erhalten oder gemeinsame Entscheidungen – etwa über die Ausnützungsziffer im Ortsplan – festzulegen; Lancierung einer Initiative mit Interessierten usw.). Diese Spielschritte werden am besten in einem Ordner aufbewahrt. Die Teilnehmer und Teilnehmerinnen können sich so jederzeit über das Spielgeschehen orientieren und gewinnen Einsicht in den Spielverlauf.

Sofern die ablaufenden Arbeits- und Gruppenprozesse einen wichtigen Bestandteil des Planspiels darstellen, empfiehlt sich eine Beobachtung der Gruppen bei ihrer Arbeit. Ein brauchbares Hilfsinstrument stellt für den Beobachter ein Beobachtungsraster dar, der sich nach dem Spielinhalt und den -gruppen ausrichtet:

Plan-Spielanalyse	Spielgruppe:		Spielschritt:
AKTIVIERUNG als Impuls für neue Spielschritte	KOMMUNIKATION fördernde oder hemmende Verhaltensweisen	KONFLIKTE auslösende oder lösende Verhaltensweisen	ERGEBNISSE Produkt fördernde und unterstützende Massnahmen

Für den Spielverlauf und die inhaltliche Kontinuität sind innerhalb der einzelnen Spielgruppen oder mit allen Beteiligten gleichzeitig Besprechungen durchzuführen. Hier können Unklarheiten aller Art und mögliche Arbeitskonflikte besprochen werden. Alle notwendigen Hilfsmittel – vom Computer bis zum Kopierer – sollten, sofern sie vorhanden sind, für die Spieler und Spielerinnen zugänglich sein.

2.5 Leittext

Auf Grund der breiten Anforderungen an die Berufsleute (neben praktischen Fähigkeiten abstraktes Handlungsvermögen, fachliches Wissen, Problemlösestrategien und soziales Handeln), die schon in der Grundausbildung, der Berufslehre, Berücksichtigung finden müssen, versuchen auch verschiedene Industriebetriebe im Rahmen der berufspraktischen Ausbildung diese Ansprüche der Zeit in Ausbildungsinstrumente umzusetzen. Sie entwickelten dazu u.a. die Leittextmethode, ein Arbeitsverfahren, das dem Lehrling und der Lehrtochter unter textlicher Anleitung oder mit Hilfe von Leitfragen die Möglichkeit zum selbständigen Lernen gibt. Dieses Hauptziel des Lehr-/Lernverfahrens verspricht die Integration der neuen Anforderungen – wie selbständige Arbeitsplanung, intellektuell und reflexiv geleitetes Handeln, Denken in Zusammenhängen

Lernende und Lehrende zusammen in der Gruppe

und Förderung der Kooperationsfähigkeit – in den Lernprozess der Auszubildenden.

Auch in der Berufsschule steht selbständiges Lernen als Aneignen von Wissen, Kenntnissen und Handlungsweisen im Mittelpunkt der reformerischen Anliegen, und man bemüht sich um Formen, die Lernen «als reflektierte Erfahrung in handlungs- und arbeitsbezogenen beruflichen Realsituationen im Bereich der schulischen Berufsbildung» (Adank 8/1989: 3) ermöglichen. Leittextorientiertes Arbeiten vermag diese Ansprüche abzudecken. Durch die Auswahl und die Verknüpfung der Lerninhalte an die Berufsrealität, durch Text oder Leitfragen gesteuertes, selbständiges Lernen, können sich die Lehrlinge und Lehrtöchter ihren persönlichen Lernprozess organisieren und sich entsprechend ihren Lernvoraussetzungen, ihrem Lerntempo und der eigenen Arbeitsweise neue Kompetenzen aneignen.

Vorgehen:

Die Arbeit mit einem Leittext erfordert von den Lehrenden umfassende Vorleistungen. Eigenaktivität der Schüler und Schülerinnen wird angestrebt, der Unterricht ist aber trotzdem geleitet, und der Lerninhalt vorgegeben. Die Auszubildenden (Lehrling, Lehrtochter, Lerngruppe) stehen im Zentrum des Unterrichts und jeder unterrichtlichen Tätigkeit, während die Lehrkräfte, Unterrichtsmaterialien, das Lernumfeld und die Mitlernenden alle im Dienste der Schüler und Schülerinnen und deren selbstgesteuerten Lernprozessen stehen. Dies muss die Lehrperson bei ihren Vorbereitungen berücksichtigen, d.h. der Unterricht ist in seiner Anlage so zu gestalten, dass die Lernenden ohne direkte Hilfe sich das gewünschte Wissen, die erforderlichen Informationen oder das zu erstellende Produkt anhand von leitenden Fragen selbständig aus Lehrbüchern und betriebsüblichen Unterlagen aneignen können.

Bevor der Leittext formuliert werden kann, muss der Lern- und Arbeitsprozess klar durchdacht werden. Vorerst müssen die übergeordneten Ziele, der Lerninhalt, und die Leitfragen (die Richtung, in welche gedacht und gearbeitet werden soll) schüler- und inhaltsgerecht in Bearbeitungsschritte umgesetzt werden. Erst jetzt können die notwendigen Kenntnisse, Begriffe und Materialien bestimmt werden, die die Lehrlinge und Lehrtöchter für Ihre Arbeit benötigen. Berücksichtigt werden sollen auch gedankliche Operationen, die der Schüler oder die Schülerin zu vollziehen hat. Insbesondere sollen voraussehbare Fehlerquellen eliminiert werden. Resultat all dieser Überlegungen ist schliesslich die verständlich und klar formulierte Leitfrage, die den Auszubildenden den Weg weist. Zu empfehlen ist ein tabellarisches Vorgehen:

Arbeits-/ Lernschritte	Kenntnisse, Begriffe, Materialien	Gedankliche Operationen	Fehlervermeidung	Leitfragen
1.				
2.				
3.				
4.				

Die leitenden Fragen müssen eindeutig formuliert sein und alle Aspekte berücksichtigen, die zur Aufgabendurchführung notwendig und hilfreich sind, also «systematisch zum Denken anleiten als auch Strategien des planmässigen Vorgehens vermitteln.» (Selka 1987: 5) Nur so kann es gelingen, einen Leittext zu entwickeln, der lehrerunabhängig zum geplanten Ziele führt.

Die Durchführung des leittextorientierten Arbeitens bedarf eines differenzierten Aufbaus. Der Handlungsablauf der Leittext-Methode vollzieht sich nach Selka in sechs Schritten:

1. Informieren: Die Schüler werden in die Arbeitsform und deren Ablauf eingeführt. Gleichzeitig bemühen sie sich, die Ziele und das angestrebte Lernprodukt zu erfassen. Ausserdem werden in der Gruppe alle dienlichen Arbeitsmittel und Informationen für die nachfolgende Planung und selbständige Erarbeitung der Arbeitsschritte festgelegt.

2. Planen: Die einzelnen Arbeitsschritte werden festgelegt und in eine organisierte Abfolge gebracht. Sie können z.B. im Brainstorming-Verfahren gesammelt werden. Im Blickpunkt steht noch nicht das eigentliche Lernprodukt, sondern ein brauchbarer Weg und die Bereitstellung des notwendigen Materials (Fachbücher, Tabellen, Werkzeuge etc.). Resultat der Planungsphase bildet ein Arbeitsplan, in welchem die einzelnen Arbeitsschritte, die Arbeitsmittel wie die Ausführenden festgehalten sind:

Arbeitsschritte Welche Arbeiten müssen gemacht werden?	Arbeitsmittel Welche Werkzeuge und Arbeitsmittel werden gebraucht?	Ausführende/r Wer führt den Arbeitsschritt aus?

(Adank 8/1989: 7)

3. Entscheiden: Der Arbeitsplan wird in einem Gespräch mit der Lehrkraft besprochen. Dabei wird festgestellt, ob der Lernende über das Grundlagenwissen verfügt, das zur Bearbeitung des Lerninhaltes notwendig ist. Die Arbeitsschritte werden auf ihre Abfolge hin kontrolliert und evt. korrigiert. In diesem Gespräch werden gemeinsam die inhaltlichen und arbeitstechnischen Voraussetzungen festgelegt, so dass die spätere Ausführung der Arbeit ohne hindernde Schwierigkeiten vollzogen werden kann.

Schlüsselqualifikationen

Name, Vorname:

Ausbilder: Datum:

Aufgabe: Bezeichnung:

Organisation und Ausführung der Aufgabe

Systematische Planung der Aufgabe:

Systematische Ausführung der Aufgabe:

Umsetzung von Zwischenkontrollen beim Arbeiten:

❑ ungenügend ❑ genügend ❑ gut ❑ sehr gut

Begründung:

Kommunikation und Kooperation

Zusammenarbeit in der Gruppe:

Situationsgerechte Rollenverteilung:

Darstellung von Lern- und Arbeitsergebnissen:

❑ ungenügend ❑ genügend ❑ gut ❑ sehr gut

Begründung:

Anwendung von Lern- und Arbeitstechniken

Methodische Verwendung von Arbeitsunterlagen:

Methodisches Aneignen von Kenntnissen:

Logisches und kreatives Vorgehen beim Problemlösen:

❑ ungenügend ❑ genügend ❑ gut ❑ sehr gut

Begründung:

Selbständigkeit, Verantwortung und Belastbarkeit

Einhaltung der Arbeitssicherheitsregeln:

Qualitäts- und Kostenbewusstsein:

Übernahme von (Mit-)Verantwortung:

Konzentration und Ausdauer:

❑ ungenügend ❑ genügend ❑ gut ❑ sehr gut

Begründung:

(Müller 1992: 110)

4. Ausführen: Der besprochene Arbeitsplan dient der nun folgenden selbständigen Ausführung. Sobald am Arbeitsplatz das vorgesehene Material bereitgestellt ist, kann die Arbeit am Produkt beginnen. Ob es sich nun um die Anfertigung eines Gegenstandes oder das Ausfüllen der Steuererklärung handelt, der jeweilige Arbeits- und Lernprozess ist selbständig durchzuführen. Tauchen unerwartete Fehler auf, so weisen sie auf einen Mangel bei der Arbeitsplanung hin und müssen selber korrigiert oder mit der Lehrperson besprochen werden. Auf jeden Fall erhalten die Schüler und Schülerinnen auf Grund des Lernerfolges eine unmittelbare Rückmeldung über ihre Vorbereitungsarbeit. Für die Lehrperson bleibt in der 4. Phase Zeit für individuelle Hilfe.

5. Kontrollieren: Selbständiges Lernen beinhaltet auch Selbstkontrolle. Das Ergebnis der Arbeit muss auf seine Funktionstüchtigkeit oder Richtigkeit hin geprüft werden. Anhand eines von der Lehrkraft erstellten Kontrollbogens kann der Schüler oder die Gruppe die gemachten Fehler erfassen und mit einer Fehleranalyse die eigenen Schwachstellen und Ursachen im Arbeitsablauf erkennen.

6. Bewertung: Gemeinsam mit dem Lehrer oder der Lehrerin wird das Arbeitsergebnis besprochen und bewertet. Die Konsequenzen der Fehler werden beurteilt. Die Analyse führt in der Regel auf den Arbeitsplan zurück. Er wird kontrolliert und im Hinblick auf zukünftige Fehler korrigiert.

Bei der Leittextmethode werden auch übergreifende Schlüsselqualifikationen berücksichtigt. Auch sie sind in die Bewertung und Beurteilung einzubeziehen. Erfasst werden können sie mit einem Beurteilungsbogen.

2.6 Die Projektmethode

«Die Projektmethode geht über die Vermittlung psychomotorischer Fertigkeiten hinaus. Während in der traditionellen Berufsausbildung hierunter die Herstellung eines «brauchbaren» vollständigen Produktes (also nicht einfach eines Übungsstücks) mit praktischem Nutzwert gemeint war, wird mit Projektmethode neuerdings zusätzlich die Idee der Selbstorganisation des Lernens in Gruppen verstanden... Hier werden Lernprozesse angestrebt, die die begrenzte Fachkompetenz überschreiten und auf den Erwerb einer eher generellen, situationsunspezifischen (Arbeits-) Methodenkompetenz sowie schließlich auf Sozialkompetenz abzielen.» (Terhart 1989: 115)

Die erfahrungsorientierte Projektarbeit hat sich zu einem Hoffnungsträger für eine veränderte Schule und neuzeitlichen Unterricht entwickelt. Doch erst wenn sie zur Alltagsform, d.h. Bestandteil alltäglichen Unterrichts, wird, können sich ihre positiven Seiten auf den Normalunterricht auswirken. Es zeigt sich aber noch häufig, dass Projektunterricht – verkürzt als isolierte Unterrichtsform – mit dem Stempel des Besonderen versehen und nur als Kompensation zum Normalunterricht eingestuft wird. Erstaunlich ist auch, auf Grund welcher Ursachen oft Projekte zustandekommen. Nicht selten liegt nämlich der Ausgangspunkt bei kritischen Äusserungen der Schüler und Schülerinnen (z.B. über den Lektionenunterricht, fehlende fachliche Nähe einer Fragestellung zum Umfeld der Auszubildenden) oder im Wunsch nach einer Erlebnisschule. Die Lehrperson verbindet mit Projektarbeit oft auch die Absicht, einmal etwas anderes zu machen. So erwachsen «Projektanfänge oft aus einer differenzierten Wechselbeziehung zwischen den beteiligten Personen und dem Thema.« (Bastian 10/1992: 30)

«Grenzenloser» Projektunterricht

Projektunterricht kann thematisch offen oder themengebunden angelegt sein. Die zu bearbeitende Thematik orientiert sich in der Regel an realen Fragestellungen. Lehrende und Lernende müssen sich auf ein gemeinsames, oft fächerübergreifendes Thema einigen, das im Interesse einer Gruppe, einer oder gar mehrerer Klassen, u.U. sogar eines ganzen Schulhauses liegt. Nicht selten wird deshalb das Lernen in einem Schulraum aufgehoben. Projektunterricht überschreitet die Grenzen des Schulzimmers und zieht den Aussenraum ins Lernfeld mit ein.

Auch die zeitlichen Unterrichtsstrukturen müssen bei Projektarbeit verändert – meist erweitert – werden. Am häufigsten wird eine ganze Projektwoche durchgeführt. Themen können jedoch auch über ein Quartal oder kurzzeitig – als geschlossene Tages- oder Halbtageseinheit – bearbeitet werden.

Von grosser Bedeutung ist die Zusammenarbeit unter den Schülern und Schülerinnen. Wenn sie ein Thema gefunden haben, müssen sie sich über ein sinnvolles Arbeitsvorgehen einigen, was zu heftigen Gruppenprozessen führen kann. Die Doppelaufgabe, nämlich die Entwicklung und Ausarbeitung eines Themas sowie die Bewältigung und Integration der gleichzeitig ablaufenden Gruppenprozesse ins Arbeitsgeschehen, fordern von den Auszubildenden inhaltliche, organisatorische und psychische Substanz. Hierin liegt eine Gefahr der Methode, vor allem dann, wenn es den Lernenden darum geht, den Freizeitaspekt in den Unterricht hereinzuholen. Die andere, nicht selten lockerere, Arbeitsweise kann die Lehrlinge und Lehrtöchter auch veranlassen, sich den gestellten Ansprüchen zu entziehen und so die gewünschte Arbeit zu blockieren. Hier ist die Lehrperson gefordert, durch das Gespräch die Schüler und Schülerinnen an die angestrebten Ziele heranzuführen.

Vorgehen:

Damit die Projektarbeit von Erfolg begleitet ist, muss sie sorgfältig geplant und durchgeführt werden. Frey schlägt ein Vorgehen in sechs Schritten vor:

1. Die Projektinitiative: Der Ausgangspunkt eines Projektes kann im alltäglichen Unterricht liegen oder von aussen in die Schule hineingebracht werden. Damit die Initiative zum Tragen kommt, ist in der Entstehungsphase den Schülern und Schülerinnen viel Raum für die Entwicklung von Ideen und die Präzisierung der Themen zu geben.

2. Die Auseinandersetzung mit der Projektinitiative: In dieser Entscheidungsphase geht es um die Festlegung der Themen und um eine erste

Projektskizze. Es muss geklärt werden, ob nur eine Thematik oder verschiedene Inhalte bearbeitet werden. Der inhaltliche Ablauf (nicht aber der Arbeitsverlauf) wird festgelegt. Ausserdem werden die zeitliche Dauer und die gemeinsamen Verhaltensregeln (z.B. es wird im Schulhaus gearbeitet; Materialien werden selber beschafft; am Schluss muss ein Produkt vorliegen etc.) bestimmt, und die Gruppenbildung wird vorgenommen. Die Skizze dient als Grundlage für die Beurteilung des Projekts und dessen Durchführung.

3. Entwicklung des Themas und des Arbeitsverlaufes: Nun beginnt die eigentliche Arbeitsorganisation. Das Projektthema wird genauer umschrieben. Es werden geeignete Arbeitsverfahren und -formen gesucht und festgelegt. Das notwendige Arbeitsmaterial wird zusammengestellt und mögliche Lösungsstrategien werden bestimmt. Der konkrete Projekt- und Zeitplan wird ausformuliert.

Zu diesem Zeitpunkt muss auch die gruppenmässige Arbeitsorganisation vorgenommen werden. Die Projektteilnehmer und -teilnehmerinnen definieren ihre Arbeitsgebiete und damit auch die Rollen, welche die einzelnen Mitglieder zu übernehmen haben. Während dieses Teilbereiches der Planung, dem viel Beachtung geschenkt werden muss, kann die informelle Struktur einer Klasse wirken, und die Gefahr besteht, dass jedes Mitglied auch bei der Projektarbeit seine übliche Rolle übernimmt. Dadurch fehlen einzelnen Schülern und Schülerinnen weiterführende Darstellungs- und Entwicklungsmöglichkeiten, und unbekannte Fähigkeiten liegen brach. An dieser Stelle des Vorgehens muss die Lehrkraft ihre gruppendynamischen Kenntnisse beiziehen und ihre Beratungsfunktion wahrnehmen, immer mit Rücksicht darauf, dass das Selbstlösungspotential einer Gruppe nicht zerstört wird.

4. Aktivitäten im Betätigungsgebiet: Die Vorarbeiten kommen zum Tragen. Bei einer sorgfältigen Vorbereitung des Projekt- und Arbeitsplanes setzen sich die Schüler und Schülerinnen nun intensiv mit den Informationsquellen auseinander. Sie erkunden, machen Erfahrungen und gewinnen Erkenntnisse, die Antworten auf ihre Fragestellung geben. Teilergebnisse in den verschiedenen Hand-lungsfeldern entstehen.

Vor allem während dieses Lernabschnittes sind prozess- und arbeitsbezogene Fixpunkte notwendig. Das freie, auf dem selbsterstellten Arbeitsplan aufgebaute Vorgehen beinhaltet verschiedene Konfliktsituationen. Die Gruppen oder der einzelne arbeiten an verschiedenen Teilbereichen, und es besteht die Gefahr, den Kontakt zur Gesamtgruppe zu verlieren. Eine Gruppe kann sich auch auf Grund innerer Auseinandersetzungen verlieren, so dass das Arbeitsziel in immer weitere Ferne rückt. Deshalb muss die Lehrkraft den Arbeitsprozess intensiv beobachten und dort helfend eingreifen, wo die Auszubildenden selber nicht mehr weiterfinden. Damit sie über ihre Konflikte sprechen können, sind im voraus festgelegte Fixpunkte, gemeinsame Gesprächs- und Austauschrunden, hilfreich. Diese bieten die Möglichkeit, im Gespräch Konfliktsituationen während des Arbeitsprozesses zu erörtern und sich gegenseitig über den Stand der Arbeit, das Vorgehen, Veränderungen in der Zielsetzung und über den zeitlichen Verlauf zu orientieren.

5. Abschluss des Projekts: Die Teilergebnisse werden zusammengetragen und die eigentlichen Projektziele verwirklicht. Die Resultate werden festgehalten und in ansprechender Form dargestellt. Der Präsentation ist grosse Aufmerksamkeit zu schenken, denn oft stellt sie eine Schwachstelle im Rahmen der Projektarbeit dar. Von besonderer Bedeutung ist die Übertragung der Ergebnisse und Erkenntnisse in den Alltag und der Einbezug von Projektelementen in den späteren Unterricht.

6. Reflexion und Rückblick: Das Projekt endet mit Reflexion. Die angestrebten Ziele werden beurteilt und Handlungsabläufe bewusst gemacht, damit sie nicht als unreflektierte Erfahrungen schnell wieder verlorengehen und zu keinem längerfristigen Erkenntnisgewinn führen. Wichtig ist auch die Auseinandersetzung mit dem Arbeits- und Lernprozess, denn das Ergebnis eines Projektes liegt nicht nur in seinem inhaltlichen Gewinn, sondern auch in den benützten Lerntechniken, im Arbeitsvorgehen und in den Problemlösungsstrategien. Ebenso haben sich die Schüler mit sich selber und ihrem Umgang in der Gruppe zu befassen. Hilfe dazu können Leitfragen bieten (z.B. Warum habe ich das Thema gewählt? Was habe ich gelernt? Womit hatte ich Schwierigkeiten? Was ist zu kurz gekommen? Wie schätze ich meinen Anteil an der Gruppenarbeit ein? Wie war die Zusammenarbeit in der Gruppe? Welche Funktionen habe ich übernommen? Welche Unterschiede zum «normalen» Unterricht sind mir aufgefallen? Was war neu? Was würde ich davon im «normalen» Unterricht gerne wiederfinden? Was würde ich anders/besser machen? Wie sieht meine zusammenfassende Bewertung aus?)

(nach Ludwig 7/8/1991: 50)

Gerade die prozessbezogenen Bereiche des Projektes sind es, die zu neuen, vom traditionellen Unterricht her wenig vertrauten Einsichten und Lernergebnissen führen. Sinnvoll ist deshalb, nicht nur am Schluss eine Gesamtauswertung durchzuführen, sondern während des ganzen Projekts begleitend einen Arbeits- und Lernprozessbericht tagebuchähnlich zu erstellen.

2.7 Lernvertrag

Die Schüler und Schülerinnen orientieren sich selbsttätig innerhalb eines allgemein vorgegebenen Themenbereiches und suchen einen Teilinhalt, der ihr Interesse weckt und mit dem sie sich anschliessend beschäftigen wollen. Sie bauen selbständig eine Arbeitsorganisation auf, in der auch die Ansprüche der Lehrperson Berücksichtigung finden.

Über angestrebte Ziele, Lerninhalt, Ergebnisse, allfällige Prüfungsverfahren und die Beurteilung wird zwischen Lehrenden und Lernenden ein Lernvertrag abgeschlossen, den beide Parteien unterschreiben:

Lernvertrag		
Name, Vorname:		
Gesamtthema:		
Themenbereich:		
Lernerziele:		
Lerninhalt:		
Angestrebte Ergebnisse:		
Prüfungsverfahren:	❑ Test ❑ Mündliche Prüfung ❑ Produkt ❑ Präsentation	
Beurteilungsform:	❑ nur durch Lehrer ❑ Schüler und Lehrer ❑ Note ❑ Kommentar	**Leistungsniveau:** ❑ hoch ❑ mittel ❑ erfüllt
Datum:	**Unterschriften:** .... Schüler/in/Gruppe	 .... Lehrer/in

Auf dem Lernweg fordern die Schüler bei Bedarf allfällige Hilfe und Beratung an. Die Lehrkraft betätigt sich als Betreuerin, Beraterin und Informantin und unterstützt den einzelnen oder die Arbeitsgruppe im Lernprozess. Schwierigkeiten werden dank ihrer Hilfe überwunden. Der Lehrer oder die Lehrerin schafft ein optimales Lernklima sowie förderliche Lernbedingungen und Strukturen, sorgt aber auch dafür, dass unter mitverantwortlichem Einbezug des einzelnen oder der Gruppe die ausgehandelten Vereinbarungen eingehalten werden.

Der Vertrag bietet Sicherheit, fordert Verantwortungsbewusstsein auf beiden Seiten und bewirkt ein Klima des Vertrauens. Für seine Einhaltung müssen verschiedene Regeln beachtet werden:

- Jeder Schüler oder jede Schülerin orientiert sich an der Grundthematik.
- Die Gesamtarbeitszeit wird gemeinsam festgelegt.
- Der einzelne oder eine Gruppe erstellt für sich einen Lernvertrag, in dem die Ziele, Lerninhalte und das angestrebte Produkt beschrieben sind. Die Lernvereinbarung ist mit dem Lehrer abzusprechen und im Hinblick auf ihre Realisierbarkeit zu überprüfen.
- Der geplante Lerninhalt wird in eigener Verantwortung bearbeitet.
- Die Lehrkraft hilft auf Wunsch bei der Arbeitsorganisation. Sie informiert sich und die andern Schüler und Schülerinnen über den Stand und Fortgang der Arbeit.
- Jeder Lernende sammelt seine Arbeitsunterlagen in einer Mappe, für deren Aufbewahrung die Lehrperson zuständig ist.
- Die den Gruppen zur Verfügung gestellten Arbeitsmaterialien können auf Absprache hin auch ausserhalb des Unterrichts benützt werden. Die Verantwortung für die Unterlagen tragen die Schüler und Schülerinnen.
- Jeder einzelne und jede Gruppe informieren Interessenten aus der Gesamtgruppe von Zeit zu Zeit über den Stand und Inhalt der Arbeit. Mindestens einmal ist die Gesamtgruppe zu informieren.
- Der Präsentation der Arbeiten wird grosse Bedeutung beigemessen.
- Die formal-inhaltlichen Minimalanforderungen werden gemeinsam festgelegt.
- Die Beurteilung der Arbeit beruht auf der Selbsteinschätzung, der Gruppen- und Lehrerbeurteilung oder entsprechenden Angaben im Vertrag.

Um den Zeitplan einhalten zu können, drängt sich ein Arbeitsplan auf, der jederzeit einen Überblick über den Verlauf gewährleistet:

Arbeitsplan

Name: ....

Datum/ Arbeitsort	Gruppe	Lerninhalt	Stand	Fortsetzung	Hilfen	Präsentation

Der Lernvertrag und der Arbeitsplan helfen den Schülern selbständig vorzugehen. Die beiden Instrumentarien bieten einen Rahmen, der die Motivation und Bekräftigung für eigenständiges Handeln und Arbeiten sichert und den Schüler und die Schülerin zu Selbstverantwortung anleitet.

IV. FÄCHERÜBERGREIFENDER UNTERRICHT – EINE MÖGLICHKEIT

1. Fächerübergreifender Unterricht

Nachdenken über Lernen und lehrer- und schülerorientierte Lehr- und Lernformen ruft nach komplexerem Unterricht. Es zeigt sich, dass der Einsatz verschiedener Unterrichtsformen allein aber noch keine grundlegende Konzeptveränderung oder eine gezielte Förderung des selbständigen Lernens und der Selbsttätigkeit gewährleistet, gleichermassen wie auch Selbsttätigkeit allein noch keine ganzheitlich-vernetzte Auseinandersetzung mit einer mehrperspektivischen Thematik zu garantieren vermag. Eine Möglichkeit für komplexeres Arbeiten bietet der fächerübergreifende Unterricht. Vor allem die schülerorientierten Lernformen erlauben eine Ausweitung des reinen Fächerprinzips.

Die Reformpädagogik, die humanistische Psychologie und der heutige unterrichtskonzeptuelle Wandel sind Ausgangspunkte fächerübergreifenden Unterrichts. Dieser stützt sich einerseits auf den Grundsatz, dass das Ganze mehr ist als die Teile, ist anderseits aber auch Reaktion auf die gesellschaftlichen und wirtschaftlichen Anforderungen der heutigen Zeit, die vermehrt vernetztes Denken und erweiterte Qualifikationen verlangen. Damit sind berufsfeldübergreifende Qualifikationen mit hoher Reichweite gemeint, die mit reinem Lektionenunterricht nicht erreicht werden können und eines umfassenden unterrichtlichen Geschehens bedürfen, das auch eine Auseinandersetzung mit der eigenen Person zulässt, den Lernvorgang fördert und beim schnellen technischen Wandel entdeckende und transferorientierte Wissens- und Fertigkeitsgrundlagen aufbauen hilft.

Fächerübergreifender Unterricht beinhaltet wesentliche Bestandteile neuerer, vernetzter Formen des Unterrichtens und das Streben nach ganzheitlichen Handlungen. Damit verbindet sich eine Weiterentwicklung, die über die alleinige Lektionsgestaltung hinausführt. Er stellt eine Öffnung im unterrichtlichen Denken und Planen dar. Mit fächerübergreifendem Unterricht ist weder eine Fächeraneinanderreihung, noch Projektunterricht oder irgendeine andere Methode gemeint. Vielmehr handelt es sich dabei um die thematisch inhaltliche Verbindung der verschiedenen Unterrichtsfächer, aufbauend auf den Gemeinsamkeiten. Er ist ein ganzheitliches, integrierendes Vorgehen (und nicht nur eine Konzentration der Fächer oder eine Verdichtung der Inhalte) und stellt ein Konzept dar, das mithelfen soll, neuen unterrichtlichen, gesellschaftlichen und kognitiven Bedingungen und Anforderungen gerecht zu werden.

Fächerübergreifender Unterricht

Die vorherrschende analytische Denkweise und die Förderung der praktischen Fähigkeiten allein vermögen die hohen Zielsetzungen neuzeitlichen Unterrichtens nicht zu erfüllen. Zwar ist die reduktionistische, analysierende Vorgehensweise methodisch als Basis unserer heutigen Lebensweise notwendig, und die sensomotorischen Fähigkeiten bedürfen weiterhin einer Schulung. Aber genauso notwendig ist die ganzheitliche Sichtweise als Besinnung auf das gesamte Gefüge (auch Einstellungen und Werte sind einbezogen) sowie die Förderung kognitiver Fähigkeiten, um die zunehmende gesellschaftliche Komplexität zu meistern. Im Hinblick auf ein umfassendes Verständnis können nicht nur Kenntnisse verschiedener Fachwissensbereiche addiert werden, sondern es müssen insbesondere komplexe Bezüge herausgearbeitet werden.

Vernetztes Denken oder Zusammenhangsdenken nimmt in der heutigen Welt einen wichtigen Stellenwert ein. Komplexität kann nur schlecht erfasst werden mit einer strikten Aufteilung in einzelne Funktionsbereiche, d.h. im schulischen Bereich mit einer Aufgliederung des Unterrichts in einzelne Fächer. Zwar stellt Differenzierung im Bildungsprozess nach wie vor ein wesentliches Element dar, das jedoch durch Integrationsarbeit immer wieder zum Ganzen zusammengefügt werden soll. Deshalb müssen übergeordnete Zusammenhänge, Beziehungen und Wechselwirkungen erfasst und erkannt und vor allem während des Lernprozesses nicht aus den Augen verloren werden. Erst dann können Probleme (u.U. zuerst in Teilschritten) angemessen und ganzheitlich gelöst werden. Auf Grund dieser Überlegungen sollen Jugendliche innerhalb schulischer Bildungsprozesse eine Denkhaltung entwickeln können, die von vernetztem, integrierendem Denken und dem entsprechenden Unterricht getragen ist.

1.1 Konzeptansätze

Für fächerübergreifenden Unterricht lassen sich zwei Ansätze aufzeigen:

1. Der fachzentrierte Ansatz: In einem Einzelfach werden die inhaltlichen Grundlagen von der Lehrkraft entworfen und dabei fächerübergreifende Überlegungen miteinbezogen. Das Zentrum bildet ein Fach, von dem aus Verbindungen zu den betroffenen Fächern hergestellt werden.

2. Der fächerübergreifende Ansatz: Eine direkte Kooperation verschiedener Fächer wird angestrebt und gemeinsam verantwortlich bearbeitet. Noch weitergehend steht nicht mehr eine fächergebundene Thematik im Vordergrund, sondern ein Schlüsselproblem unserer Zeit wird im Team gestaltet.

Dieser zweite Ansatz geht von Themenkreisen aus, die sich durch ihre besondere Bedeutung im Rahmen des Erziehungs- und Bildungsauftrages der Schule auszeichnen. «Mit ihnen sollen vor allem Einstellungen und Haltungen beeinflusst werden. Es geht also nicht um Stoffe, die nur Intellekt und Gedächtnis erreichen. Ziel ist es vielmehr darüber hinaus, den Jugendlichen Haltepunkte und Orientierungshilfen für die künftige Lebensgestaltung zu vermitteln. Dies soll durch die Entwicklung und Stabilisierung von Haltungen und Einstellungen sowie durch sinnstiftendes Lernen und gemeinschaftsbezogenes Verstehen geschehen.» (Mandl 1991: 137)

Die vielfältigen Ansprüche des fächerübergreifenden Ansatzes erfordern umfassende Vorgehensweisen, die sich an der Selbsttätigkeit, am selbständigen Lernen der Lehrlinge und Lehrtöchter orientieren. Insbesondere schülerorientierte Lehr- und Lernformen eignen sich, Ziele fächerübergreifenden Unterrichts zu erfüllen. Die Lehrkraft tritt eher als Impulsgeberin, Informationsdrehscheibe und Lernberaterin in Erscheinung. Dabei führt sie die Schüler und Schülerinnen gezielt in die Arbeitstechniken und in bestimmte Fertigkeiten ein und ermöglicht eine umfassende und vertiefte Bearbeitung des Lerninhaltes. Insbesondere aber erschliesst sie den Auszubildenden den Zugang zur Vernetztheit der Thematik und unterstützt sie arbeitsmässig so, dass sie sich von einem fachbezogenen Erledigungsverhalten lösen und zu einer eigenständigen, vertieften und übergreifenden Durchdringung eines Themas hinbewegen. Die Lehrperson bezieht auch eine gründliche Auswertung der inhaltlichen, prozessualen und wissensmässigen Ergebnisse ein. Da sich dieser Unterricht an der Aktualität orientiert und somit die systematischen Hilfen wie den Lehrplan, Lehrmittel etc. nicht unmittelbar beigezogen werden können, ist für den Lehrling oder die Lehrtochter stets eine Standortbestimmung notwendig.

1.2 Fächerübergreifende Unterrichtsgestaltung

Der fächerübergreifende Unterricht bringt didaktische Probleme besonderer Art. Diese stellen sich vor allem bei der Inhaltsauswahl. Traditionellerweise umschreibt der Lehrplan den Bildungsauftrag der Schule und enthält relativ detaillierte Lerninhalte und entsprechende Unterrichtsziele. Für einen nach dem Fächerprinzip organisierten und an einem festgelegten Bildungskanon orientierten Unterricht stellt er eine dienliche Hilfe dar. Der heutige – nicht ganz klar definierbare – Bildungsauftrag lässt sich dagegen allein mit diesen Vorgaben nicht mehr wiedergeben. Ein Rahmenplan zeigt Grenzen auf, innerhalb derer die aktuellen, aber klar begründeten Schlüsselprobleme unserer Zeit genügend Platz finden und im Unterricht exemplarisch bearbeitet werden können.

Dies bedeutet, dass die Lehrkräfte in Absprache mit den Schülern und Schülerinnen Lerninhalte, vor allem Schlüsselprobleme, wählen. Die persönlichen Lebensbedingungen aller am Unterricht Beteiligten sind insofern für den Lerninhalt bestimmend, als bei der Auswahl thematische

Betroffenheit und lebensweltliche Bedeutsamkeit zu zentralen Kriterien werden. Dies fordert ein reflektierendes Abwägen, d.h. es muss nach einem Gleichgewicht zwischen Betroffenheit und Bildungsanspruch gesucht werden, das die gewählte Thematik begründet und legitimiert. Eine differenzierte Aufgabe dieser Art kann die einzelne Lehrkraft schnell an Grenzen führen. Deshalb verlangt fächerübergreifender Unterricht eine vernetzte Arbeitsweise. Eine Reflexion und Vorbereitung durch das betroffene Lehrerteam anstelle der einzelnen Lehrperson kann bspw. Hilfe leisten.

Fächerübergreifender Unterricht als umfassendes Geschehen muss von der Lehrperson sorgfältig geplant werden. Eine grundlegende Analyse des Lerninhaltes sowie eine differenzierte Durchführung und Evaluation des Unterrichts stehen im Mittelpunkt. Der Lehrer wählt allein oder zusammen mit den Schülern ein Thema oder ein Schlüsselproblem aus. Er stellt ein thematisches Netz dar, das aus den Inhaltsbereichen und den Bezugsfächern besteht und grenzt es ein, indem er wichtige Inhaltsknoten festlegt und diese definiert. Dazu sind eine fundierte thematische Orientierung, gute Materialkenntnisse und eine breite Dokumentation notwendig. Bei der gestalterischen Umsetzung mit einzelnen Arbeitsfolgen wie arbeitsgleichen oder arbeitsteiligen Schülertätigkeiten, Informationen und Beratung sind Materialien, eigene Lehrmittelproduktion und ein lernprozess- und arbeitsbezogenes Repertoire an lehrerorientierten und erweiterten, schülerorientierten Lehr- und Lernformen erforderlich, die durch mediale und simulierte Umwelten (z.B. das Rollenspiel) zur Durchdringung von Komplexität Wesentliches beitragen.

Brauchbare Arbeitsstrukturen müssen vorhanden sein. Dazu gehört u.a., dass das Klassenzimmer und das Schulhaus als offene Werkplätze zur Verfügung stehen, der Besuch eines Museums, einer Firma, einer Bibliothek etc. integrativer Bestandteil des Unterrichts sind und der Einsatz und die Verwendung von Arbeitsgeräten möglich ist. Der Einbezug des Schulhauses als vielfältiger Arbeitsplatz und weiterer ausserhalb liegender Lernorte sichert einen handlungsbezogenen und lernwirksamen Unterricht.

Genauso bedeutsam aber sind neue Arbeitsgefässe. Fächerübergreifender Unterricht teilt sich nicht mehr auf in Unterricht im Schulzimmer und Vorbereitung zu Hause. Es bedarf fester Treffzeiten, die gemeinsames Planen und Unterrichten erst möglich machen und eine weiterführende Evaluation des Unterrichtsgeschehens und des Lernerfolges gewährleisten. So führt fächerübergreifender Unterricht zu interdisziplinärem Denken und Handeln und weckt bei allen Beteiligten Flexibilität und Arbeitsbereitschaft.

Beim fächerübergreifenden Unterricht stehen themenbezogenes Arbeiten, Lernen an sich und insbesondere selbständiges Lernen, erweiterte Unterrichtsformen und die Durchdringung komplexer Bezüge im Mittelpunkt. Diese grundlegenden Zielsetzungen wirken sich auf die Unterrichtsgestaltung aus. Unterrichtstätigkeit wird für alle Beteiligten anspruchsvoller, die pädagogisch-didaktischen Entscheidungen werden komplexer, dafür wird aber Schule für die Schüler und Schülerinnen vermehrt zum Ort der inhaltlichen und lebensweltlichen Auseinandersetzung und des Lernens, eine Schule, die Gewinn bedeutet und Gestaltungshilfe für das Leben bietet.

Schule als Ort lebensweltlicher Auseinandersetzung?

V. LERNPSYCHOLOGISCHES WISSEN IM UNTERRICHT

Erfolgreicher Unterricht stützt sich auch auf lernpsychologisches Wissen. Eine Auseinandersetzung mit dem Lernen aus theoretischer Sicht schafft dafür die notwendigen Grundlagen. Mit verschiedensten Theorieansätzen wird das Phänomen Lernen in der Wissenschaft zu fassen versucht. Dabei verfolgen die einzelnen Theorien unterschiedliche Aspekte und Modelle, um den heterogenen Begriff zu erklären und die notwendigen Handlungsanweisungen zu geben. Bedeutende Theorien sind etwa die Reiz-Reaktions-Theorie des Behaviorismus (Watson, Pawlow, Skinner), die kognitive Lerntheorie (Piaget, Bruner, Aebli) und die Handlungstheorie (Galperin, Bandura). Die Kenntnis lerntheoretischer Befunde aus der Wissenschaft unterstützt die Handlungskompetenz der Lehrkräfte und ermöglicht eine gezieltere didaktische und pädagogische Beeinflussung intentionalen Lernens. Im folgenden wird versucht, abrissartig auf einzelne wissenschaftliche Erkenntnisse einzugehen, die für das Lernen Bedeutung tragen.

1. Zum Begriff des Lernens

Der Begriff Lernen ist vielfältig. «Alltagssprachlich bezieht sich Lernen auf sehr unterschiedliche Vorgänge und Sachverhalte. Gelernt wird z.B., dass das Berühren einer heissen Herdplatte Schmerzen verursacht, der Name der Nachbarin, eine Fremdsprache, das kleine Einmaleins, Hilfsbereitschaft, Klavierspielen, Motorenreparieren, Schachspielen, andere Menschen schätzen, Selbstbeherrschung, Erfolgsstreben etc.» (Schmid 1988: 37) Alltägliche Erfahrungen - sowohl das Aneignen von Informationen und Wissen wie auch soziale Handlungsweisen, die weiterverarbeitet und gespeichert werden - sind bei der eigenen Begriffsdefinition miteinbezogen. Lernen wird häufig nur als Wissensaneignung, als Auswendiglernen interpretiert, immer mehr aber auch als vielfältiges Phänomen verstanden. In der im Laufe der Zeit persönlich entwickelten Alltagstheorie über Lernen drückt sich das eigene Verständnis von Lernen aus.

Auch Klavierspielen lässt sich lernen!

In der Wissenschaft wird versucht, den Begriff genauer zu fassen. Eine unter zahlreichen Definitionen aus der Lernpsychologie versteht darunter «den Aufbau von relativ stabilen Verhaltensdispositionen im weitesten Sinne, also Dispositionen zu offenem (direkt beobachtbarem) und/oder verdecktem, zu psychomotorischem, affektivem, kognitivem und vegetativem Verhalten aufgrund von Erfahrung.» (Perrez und Patry 1981: 231) Verhaltensänderungen, die auf dem Einfluss von Reifungs- oder Alterungsprozessen oder Medikamenten beruhen, werden ausgeschlossen. «Allgemein ausgedrückt ist Lernen eine Änderung des Wissens oder des Verhaltens durch Auswirkung von Erfahrung.» (Benesch 1987: 149) In diesen Begriffsbestimmungen ist enthalten, dass Lernen einen je individuellen Prozess darstellt und eng mit der Persönlichkeit und deren Entwicklung verbunden ist.

2. Lernen als Prozess

Eine Wissens- und/oder Verhaltensänderung wird nicht nur durch die Lehrkraft bewirkt. Lernen wird auch durch die einzelne Persönlichkeit gestaltet und findet ebenso bei den schulischen und informellen Aktivitäten der Schüler statt. So lernt beispielsweise in einer Projektgruppe bei der gemeinsamen Konzeption und Herstellung eines Produktes jedes Gruppenindividuum von den Handlungen der anderen Mitglieder, obgleich es nicht alle der insgesamt erforderlichen produktiven Handlungen ausführt. Lernen ist deshalb «als ein Prozess zu gestalten, in dessen Verlauf Handeln und darauf bezogene Reflexion, Erfahrung und Umorientierung, der Erwerb neuen und die Differenzierung vorhandenen Wissens als einzelne Phasen einander ablösen und systematisch für die Entwicklung von Handlungsfähigkeit genutzt werden. Lernen muss so arrangiert und in betriebliche (und schulische HL) Arbeitsprozesse eingebunden werden, dass Lerndimensionen aus den Erfahrungen erschlossen sowie Lerninhalte «entdeckt» und als Herausforderung erfahren werden können.» (Weilnböck 1/91: 25) Voraussetzung dazu bildet die Kenntnis des Lernprozesses.

Aktivität und Handeln sollen beim Lernen miteinbezogen werden, womit einer rein konsumierenden und auch mediatisierten Aneignung vorgebeugt werden kann. Lernen von Wirklichkeit wird zu praktischem Lernen, bei dem die Erfahrung, der Einbezug von Aktivität und die Lerntechniken mitgedacht werden, denn über tätige Auseinandersetzung mit der Welt lernt der Mensch.

Neben den lernunterstützenden Aktivitäten sind die damit verbundenen kognitiven Prozesse von Bedeutung, denn das durch die Aktivität ausgelöste Lernen muss verarbeitet und in die bestehende kognitive Struktur integriert werden. Lernen bedeutet deren Aufbau, Differenzierung, Änderung und Konsolidierung. Sie soll in einer anderen – mit der Lernsituation nicht identischen, aber strukturell verwandten – Situation angewendet werden können.

Um den kognitiven Prozess zu verstehen, werden an dieser Stelle für das Lernen lediglich drei Aspekte berücksichtigt: die Erfahrung, das Gedächtnis, das Erkennen oder das Einsichten-Gewinnen. Diese drei Gesichtspunkte werden, bezogen auf das Lernen der Schüler und Schülerinnen, in den folgenden Kapiteln dargestellt und mit der Unterrichtsgestaltung verbunden, mit dem Ziel, weitere Einsichten in den Lernprozess und das Unterrichten zu erlangen.

2.1 Lernen und Erfahrung

Erfahrung ist Grundelement jeglichen Lernens. Sie kann als unmittelbare Rückwirkung einer Handlung oder eines Ereignisses auf uns verstanden werden, «indem unser Tun oder Erlebnis eine Wendung erfährt, die uns neu ist; gleichgültig, ob uns diese Erfahrung unerwartet überfällt oder das Ergebnis probierender oder abtastender Versuche ist.» (Roth 1983: 186) Emotionale Erlebnisse und Handlungen als Erfahrung bilden die Ausgangspunkte für Lernprozesse.

Erfahrung allein macht noch keinen Lernprozess aus. Sie kann zwar Lernprozesse auslösen, kann sie aber auch verhindern, wenn etwa ein negatives Erlebnis derart prägend beeinflusst hat, dass weitere Erfahrungen in diesem Bereich vermieden werden. Erfahrung erfordert innere Offenheit, damit Ereignisse oder Handlungen kognitiv integriert werden können. Nur so kann sie durch den Vorgang des Lernens eine Änderung des Wissens oder des Verhaltens bewirken. Kognitiv verarbeitete Erfahrungen bilden innere Repräsentationen eines gelebten Umwelt- oder Selbstbezugs, eines Handlungsmusters, und sind das, was zurückbleibt, wenn eine Person etwas erfahren hat im Umgang mit der Alltagswelt oder im Umgang mit sich selber. Erfahrung meint aber mehr als nur eine Ansammlung von Erlebnissen ohne innere Verarbeitung. Sie integriert die Aufnahme und Verarbeitung des Ereignisses (z.B. Bewertung, Speicherung, Reaktivierung usw.) und entsteht erst durch die aktive, bewusste Auseinandersetzung mit symbolisierten Erlebnissen, d.h. vorgängig erlernte Bedeutungen werden für die Interpretation vorausgesetzt.

Auf der Grundlage der kognitiven und emotionalen Verarbeitung bestimmen Erfahrungen unser Denken und Handeln. Ansonsten ist anzunehmen, dass wir aus Erfahrungen nichts oder nur sehr wenig lernen. Erst durch Vergrösserung, systematisches Ordnen und Strukturieren von Wissen wird Erfahrung bildend. Ihre Integration vollzieht sich nicht nur durch ein Erleiden oder ein Über-sich-ergehen-lassen, sondern ist eng mit dem aktiven Auswählen und dem Denken verknüpft. «Durch Erfahrung lernen heisst das, was wir von ihnen erleiden, nach rückwärts und vorwärts miteinander in Verbindung bringen. Bei der Sachlage aber wird das Erfahren zu einem Versuchen, zu einem Experiment mit der Welt zum Zwecke ihrer Erkundung. Das sonst bloss passive «Erleiden» wird zu einem «Belehrtwerden», d.h. zur Erkenntnis des Zusammenhangs der Dinge.» (Dewey in: Duncker 1/1989: 64) Erfahren ist mithin ein aktiver Prozess, der von verschiedensten Bedingungen abhängig ist. Dieser Erfahrungsbegriff führt über tradierte Berufserfahrungen hinaus und schliesst ein breites Feld möglicher Ereignisse und Handlungen mit ein.

2.1.1 Psychologisch-sozialisatorische Bedingungen

Durch verarbeitete Erfahrungen werden Wissensinhalte aufgenommen. Wissen ist aber immer eingebunden in persönliche Bewertungen und gefühlsbestimmte Umfeldbedingungen. In der Auseinandersetzung mit gesellschaftlichen Werten, Normen und Handlungsmustern erwirbt der Mensch seine Handlungsfähigkeit oder hält sie aufrecht. Seine Persönlichkeit entwickelt sich in Abhängigkeit und in Auseinandersetzung mit der gesellschaftlich vermittelten sozialen und materiellen Umwelt. Der individuelle Lernprozess vollzieht sich auf dem Hintergrund der eigenen Lern- und Entwicklungsgeschichte, die neben anderen (ausserschulischen) Faktoren u.a. auch durch die didaktisch erschlossenen Erfahrungen bestimmt wird. Die Erfahrungsoffenheit des jungen Menschen ist somit stark vorgeprägt, wenn er in die (Berufs-)Schule eintritt, und die individuellen Unterschiede im Wahrnehmen, im Tätigsein, in der Bewegung und in der Erlebnisbereitschaft sind gross. Schulische Erfahrungen stellen eine notwendige Ergänzung zu bestimmenden Grunderfahrungen dar, die der Mensch in seiner frühen Kindheit macht. Denn sie dienen der Erweiterung des familialen Erfahrungswissens und zur Bewältigung der hochtechnisierten und unübersichtlichen Lebenswelt.

Verschiedene Sozialisationsinstanzen prägen u.a. das Erfahrungslernen von Schülern und lassen es zu einem individuellen Prozess werden:

- Der Alltagsumgang in der Familie beeinflusst mit seinen Gewohnheiten (z.B. bei der Körperpflege, am Tisch, bei häuslichen Verrichtungen, im Umgang mit Nachbarn usw.) die sich bildenden Normen, Einstellungen und Werte sowie das Alltagswissen.
- Im Spiel in der Gruppe werden Regeln festgelegt, Handlungsabläufe geübt und kindliche Fähigkeiten herausgefordert.
- Die Schule erweitert das Alltagswissen mit Schulerfahrungen ganz unterschiedlicher Art.

Erfahrungen müssen immer selber gemacht werden – stellvertretendes Erfahren existiert nicht – und sind daher unmittelbar und persönlich. Auf dem Hintergrund der Medien spielt sich heute jedoch immer stärker eine Mediatisierung der Erfahrungen ab. Der Erfahrungsbegriff verändert und erweitert sich. Die Wirklichkeit muss nicht mehr primär erlebt werden, sie wird vor allem durch das Fernsehen zu Erfahrung aus zweiter Hand, d.h. zu Bildschirm- oder sekundärer Erfahrung. Die mediatisierten Erfahrungen werden in der Schule mit der Wirklichkeit, mit Handeln konfrontiert, und Erfahrungslernen im schulischen Bereich wird somit mehr als nur das Bereitstellen von didaktisch erschlossenen Erfahrungen. Die Schule muss den Schülern und Schülerinnen helfen, neben der hochtechnisierten Welt auch die vielfältigen mediatisierten Erfahrungen zu bewältigen, zu durchschauen und zu integrieren. Erst die Entschlüsselung des Wahrgenommenen – die kognitive Durchdringung – ermöglicht, dass Erfahrungen für eine Person sinnvoll und wirklichkeitsbezogen werden, da sie erst dann wie die übrigen Erfahrungen als «persönliche» Erfahrungen wahrgenommen, gedeutet und verarbeitet werden.

Die Welt kommt zu Dir – «Erfahrungen» aus dem TV

Erfahrungen werden persönlich interpretiert und in die Denkstruktur integriert. Der Mensch nimmt Umwelteindrücke nicht passiv auf, sondern wählt sie aus und gestaltet sie aktiv. Objektive soziale Wahrnehmung gibt es nicht. Vielmehr ist sie von Normen, Werten und persönlichen Einstellungen geprägt und von individuellen Gesetzmässigkeiten bestimmt, was sich etwa darin ausdrückt, dass wir unbekannte Eindrücke wahrnehmen und deuten, indem wir sie mit Bekanntem in Verbindung bringen.

2.1.2 Handeln und Erfahrung

Erfahrungen sind auch durch Handeln bestimmt. Instrumentelle Handlungen sichern den Praxisbezug, ermöglichen eigene Erfahrungen und erschliessen Zusammenhänge. Handeln und Denken sind eng miteinander verknüpft, und Handeln als verinnerlichte Handlung ist Entwicklungsgrundlage für Denkstrukturen. Im handelnden Umgang wird der Mensch mit sich selber konfrontiert. Es werden ihm Grenzen gezeigt, und er erfährt sich selbst. Unzulänglichkeiten, aber auch die Ausweitung des instrumentellen Denkens und Könnens, werden als Bestandteil persönlicher Kompetenzausweitung registriert. Handeln ist demnach nicht blindes Tun, sondern fordert den ganzen Menschen.

Handeln verläuft in den drei Teilprozessen Orientierung, Ausführung und Kontrolle: «Unter Orientierung versteht man die Berücksichtigung der objektiven Bedingungen im Handlungsverlauf; dies sind der Handlungsgegenstand, die verfügbaren Handlungsmittel in ihren spezifischen Anwendungsbedingungen sowie die notwendigen Teilschritte auf dem Weg von der Ausgangs- zur Zielsituation... Die Ausführung von Handlungen ist als Wechselbeziehung zu verstehen. Sie beinhaltet einerseits eine Einwirkung des Handelnden auf seine Umwelt und somit eine Veränderung von Objekten, zum anderen bewirkt sie eine Aneignung von Erfahrungen in der Auseinandersetzung mit diesen Objekten und somit eine Veränderung der Person... Die Kontrollprozesse vergleichen den Ablauf der Handlungen mit dem antizipierten Verlauf.» (Weidenmann 1986: 560)

Handelnder Umgang mit Gegenständen soll in ganzheitliche Arbeitsabläufe integriert werden, so dass Planen, Erkunden, Einwirken und Auswerten als Lernprozess, aber auch als Bestandteil der Auseinandersetzung mit der Wirklichkeit erlebt werden kann.

2.1.3 Einfluss der Gefühle

Erfahrungen werden von Gefühlen und Erlebnissen ausgelöst und begleitet. Diese sind individuell und lebensgeschichtlich bedingt und können kaum «vermittelt» werden. Sie werden über Wahrnehmungen, Handlungen sowie gespeicherte Erfahrungen erlebt, sofern sich der Erlebnisempfänger davon emotional berühren lässt.

Erfahrungen werden ganzheitlich gemacht, mit allen Sinnen, mit den Emotionen, dem Körper, der Sprache, dem Geist. Dies drückt sich u.a. auch darin aus, dass jeder Mensch als Person das Ergebnis auch eigener Erfahrungen ist, sind doch Fühlen, Denken, Handeln und Wissen eng miteinander verknüpft.

2.2 Lernen und Gedächtnis

2.2.1 Das menschliche Gehirn

Die Fähigkeit des Menschen, Wissen aufzunehmen und sich zu erinnern, ist ein komplexer, physiologischer Vorgang. Das menschliche Gehirn als Organismus steht mit allen anderen Körperfunktionen in Beziehung und reagiert auf unterschiedlichste Einflüsse.

Das Gehirn ist bei der Geburt weitgehend ausgebildet. Viele Verknüpfungen werden in den ersten Wochen und Monaten des Lebens noch vollzogen. In dieser frühkindlichen Phase wird die Umwelt verschieden wahrgenommen und strukturiert (auditiv, visuell, taktil), und individuell bevorzugte Wahrnehmungsraster entstehen. Die Strukturierung und Verbindung mit den Sinnen helfen mit, neues Wissen stofflich gut verankert zu speichern und als erinnerbares Wissen zu einem andern Zeitpunkt wieder abzurufen. Die feinstrukturelle Entwicklung wird auch später noch durch äussere Reize beeinflusst und beschränkt sich nicht nur auf die sensiblen Phasen. Vielmehr werden bestimmte Gehirnstrukturen bei Stimulation regeneriert oder umgekehrt auch abgebaut. Durch sensorische und motorische Aktivierung vieler Sinne können sie durch Beanspruchung generell beeinflusst und genutzt werden. Insbesondere durch Handeln wird eine breite Verankerung erlangt. «Handlungsintensives Lernen begünstigt die «multidimensionale Kodierung» von Informationen, da es verschiedene Sinnesorgane beteiligt, mehrere Gehirnregionen mitschwingen lässt und ein breites Netz bedeutungshaltiger Assoziationen ermöglicht.» (Möller 1987: 185)

Die beiden Gehirnhälften erbringen verschiedene Leistungen (Arbeitsweisen oder Fähigkeiten):

Arbeitsweisen der Hemisphären

Linke Hemisphäre	**Rechte Hemisphäre**
logisch	intuitiv
folgerichtig	planlos
linear	holistisch
symbolisch	konkret
realitätsorientiert	phantasievoll
verbal	nonverbal
zeitorientiert	nicht zeitorientiert
abstrakt	analog

(Grinder 1991: 52)

Fähigkeiten der Hemisphären

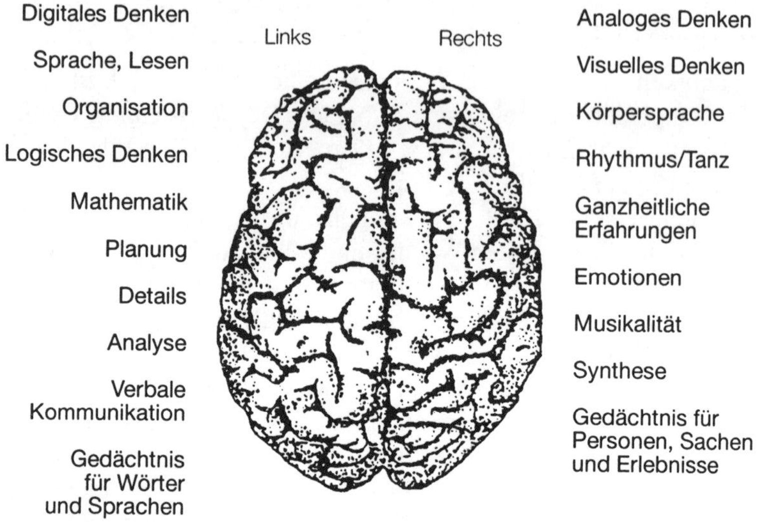

(Kirckhoff 1988: 89)

Für das Lernen sind beide Gehirnhälften von Bedeutung, denn «jede Hälfte des Gehirns hat ihren eigenen Ablauf bewusster Gedanken und ihr eigenes Gedächtnis.» (Krapf 1992: 106) Bei der Speicherung von Wissensinhalten spielt nämlich auch der Kontext eine massgebende Rolle (vgl. Kapitel 4.2.3). Je stärker das Umfeld mitgespeichert wird, umso grösser ist die Chance, Wissen später wieder abzurufen.

In der Schule wird eher die linke Gehirnhälfte beansprucht. Insbesondere all das, was mit Worten bezeichnet werden kann, gilt als Wissen und Denken. Man weiss jedoch heute, dass die rechte Hirnhemisphäre wortlos zu denken vermag. Vernetzt gestaltete Lernsituationen, bei denen beide Hirnhemisphären angesprochen werden, ermöglichen es den Lernenden daher eher, mit ihrer individuellen Begabung den Lernzugang zu finden. Besteht im Unterricht aber eine einseitige, meist linkshemisphärische Dominanz, so werden verschiedene Wissens-Zugangskanäle für die Lernenden zum vornherein verbaut.

2.2.2 Das Gedächtnis

Einprägen, Erinnern und Abrufen von Wissen sind Gedächtnisleistungen; der Organismus ist in der Lage, Eindrücke aufzunehmen, aufzubewahren und zu einem späteren Zeitpunkt in Erinnerung zu rufen. Im Gehirn gespeicherte Informationen sollten jederzeit wieder abrufbar sein. An das Gedächtnis werden höchste Erwartungen gestellt, die eng mit Lernen verbunden sind. Ohne Gedächtnis sind Lernprozesse unmöglich. Es eröffnet den Zugang zu alltäglichem oder schulischem Wissen und lässt handlungsfähig werden. Sofort verfügbare persönliche Kontonummern, Namen, Wörter oder mathematische Formeln, die Bedienung des Computers usw. erleichtern den Alltag oder bilden Voraussetzungen für weiterführende schulische oder kognitive Arbeit.

Abrufbares Wissen untersteht auch gesellschaftlichen Konventionen. Der Name eines zufällig angetroffenen Bekannten sollte sofort auf der Zunge liegen, abgesprochene Daten und Vereinbarungen dürfen nicht vergessen und Prüfungswissen muss wiedergegeben werden können. Meist hängt Verfügbarkeit von bestimmtem Wissen auch mit Handlungsfähigkeit zusammen. Es genügt nicht, nur zu verstehen, sondern konkrete Benennungen und Anwendungen werden erwartet. Dies gilt für intellektuelle wie auch für psychomotorische Fertigkeiten, die durch fortlaufende Übung ständig verbessert, angeeignet und angewandt werden können und so zu umfassender und kompetenter Handlungsfähigkeit führen.

Die (Berufs-)Schüler und Schülerinnen, von denen erwartet wird, dass sie sich Zeichen, Namen und Begriffe merken, Handlungs- und Organisationsabläufe behalten und sich an Bilder, Klänge, Situationen sowie Geschehnisse erinnern können, sollen ihr Repertoire an gelernten und spontan einsetzbaren Strategien nicht nur auf gleichem Stand halten, sondern auch erweitern. Der Lernende muss erlerntes und aktuelles Wissen abrufbar bereithalten, es wiedergeben und mit neuen Wissensinhalten in Verbindung bringen oder ergänzen können. Ebenso sollen Kenntnisse über die eigenen Gedächtnisfähigkeiten und -leistungen erworben und richtige Strategien unterstützt werden. Persönliche Gedächtnisstärken und -schwächen – wie etwa ein gutes Personengedächtnis – werden bewusst gemacht, so dass beim Abrufen von Informationen oder beim Lernen entsprechende Handlungsfähigkeit vorhanden ist. Damit vor allem im semantischen Gedächtnis gespeichertes Wissen (also auswendig zu lernendes, schulisches, problemlösendes Wissen etc.) wiedergegeben werden kann, brauchen die Schüler Informationsverarbeitungsstrategien, Mnemotechniken und Assoziationshilfen wie auch Lernstrategien, die helfen, sich Wissen anzueignen, Gedächtnisleistungen zu verbessern und Wiedergabetechniken zu entwickeln.

Die Speicherung und Verfestigung des Wissens vollzieht sich nach dem Mehrspeichermodell nach Houston in drei zeitlichen Stufen:

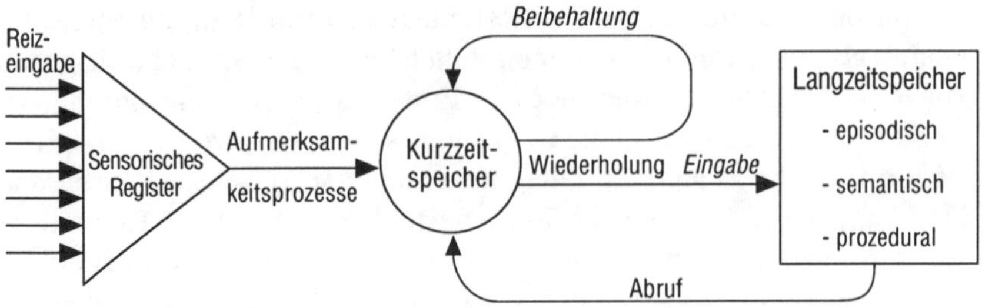

(Schermer 1991: 119)

1. *Das sensorische Register (Ultrakurzzeitgedächtnis)*
Im sensorischen Register werden die eintreffenden Sinneswahrnehmungen auf ihre Brauchbarkeit hin gefiltert; es wird «für extrem kurze Zeit (ca. 0,3 Sek.) ein getreues Bild der Sinneswahrnehmung aufgebaut. Davon wird aber nur ein kleiner Teil für die weitere Repräsentation im sogenannten Kurzzeitgedächtnis oder Arbeitsspeicher durch Prozesse der selektiven Wahrnehmung bewahrt. Wird die so reduzierte Information nicht wiederholt und erneut vergegenwärtigt – wie man sich beispielsweise eine eben nachgeschlagene Telephonnummer immer wieder vorsagt –, bleibt sie für die kurze Zeit von etwa zehn Sekunden für die weitere Verarbeitung erhalten.» (Skowronek 1991: 189) Innerhalb weniger Sekunden sind die gespeicherten Informationen, die wahrscheinlich auf Nervenimpulsen oder kurzlebigen Überträgersubstanzen beruhen, abrufbar. Die visuellen, akustischen und taktilen Stimuli können dank umfangreicher Aufnahmekapazität zwar in grosser Zahl aufgenommen werden, zerfallen jedoch innerhalb kürzester Zeit wieder.

2. *Der Kurzzeitspeicher (Kurzzeitgedächtnis)*
Informationen im Ultrakurzzeitgedächtnis, die von emotionaler oder motivationaler Bedeutung für das Individuum sind und durch Assoziationen mit vorhandenem Wissen in Verbindung gebracht werden können oder durch erhaltende Wiederholung durch Erweiterung der Erinnerungsspanne präsent bleiben, erleben im Kurzzeitgedächtnis eine festere Speicherung. Das Kurzzeitgedächtnis ist von seiner Kapazität her ein eigentlicher Informationsfilter. Man nimmt an, dass es lediglich fünf Einheiten zu fassen vermag. Es bildet sich eine Art Druckvorlage, eine Kodierung, die alle wichtigen Informationen festhält. Während dieser Verarbeitungszeit im «etwa zwanzig Minuten dauernden Kurzzeitgedächtnis» (Vester 1979: 55) ist die weitere Auf-

nahme von Sinnesinformationen blockiert. Im Kurzzeitgedächtnis werden nicht nur die neueintreffenden Informationen verarbeitet, sondern auch Problemlösungen vorgenommen, die mit bestehendem Wissen aus dem Langzeitgedächtnis in Verbindung gebracht werden.

3. *Der Langzeitspeicher (Langzeitgedächtnis)*
   Wird die Druckvorlage des Kurzzeitgedächtnisses weder gestört noch überlagert, so werden daraus Proteine gebildet und chemisch gespeichert. Der Uebergang vom Kurzzeit- ins Langzeitgedächtnis findet beim Lernen durch den Wiederholungsmechanismus, das Memorieren, statt. Dabei handelt es sich um eine «elaborierte Wiederholung», die durch die Art und Weise der Durchführung bestimmt ist. Ist die Information im Gedächtnis verankert, kann sie als Erinnerung wieder abgerufen werden. Vor allem für den Abruf von Informationen ist bedeutsam, dass bei der Speicherung die Umfeldbedingungen (z. B. Geruch, Stimmungen etc.) mitgespeichert worden sind. Sie erleichtern oder unterstützen das Erinnern. Die Erinnerungsleistung steigt mit eingeprägter Stimmungslage.

Abgespeicherte, persönliche Erfahrungen, Erinnerungen an frühere Ereignisse – also kontextbezogene Informationen, die zu einem bestimmten Zeitpunkt an einem bestimmten Ort erhalten wurden – sind im «episodischen Gedächtnis» gespeichert. Bei der Speicherung von Wissensbeständen spricht man vom «semantischen (wissensbezogenen) Gedächtnis», das für den Gebrauch der Sprache notwendig ist. «Es ist ein geistiges Wörterbuch, das organisierte Wissen, das eine Person besitzt über Wörter und andere sprachliche Symbole, ihre Bedeutung und Referenten, über Beziehungen zwischen ihnen und über Regeln, Formeln und Algorithmen für die Handhabung dieser Symbole, Begriffe und Beziehungen.» (Schermer 1991: 140) Die im «semantischen Gedächtnis» gespeicherten Begriffe, die untereinander in Bezug stehen, helfen die Wirklichkeit zu ordnen und Schlussfolgerungen vorzunehmen. Es wird angenommen, dass je breiter Begriffe abgestützt und vernetzt, desto besser wieder abrufbar sind. Im «prozeduralen Gedächtnis» wird Wissen für automatisierte Fertigkeiten wie Autofahren, Computerbenützung usw. gespeichert.

Die Kapazitäten des Kurzzeit- und Langzeitgedächtnisses bleiben während der Lebensspanne im grossen und ganzen unverändert, und die Weiterentwicklung des Gedächtnisses kann als eine Entwicklung in den Strategien der Informationsverarbeitung angesehen werden. Diese wird erreicht, indem gezielt und bewusst Wege gesucht und aufgezeigt werden, die dem Behalten und Erinnern von Informationen förderlich sind.

2.2.3 Erinnern und Vergessen

Kinder spielen mit Erwachsenen sehr gerne Memory, da sie bei diesem Spiel oft als Sieger hervorgehen. Sie verfügen über erstaunliche Kurzzeitgedächtnisleistungen, und es gelingt ihnen offensichtlich, die umgeklappten Bilder in der Erinnerung fast greifbar vor sich zu sehen. Erwachsene vermögen das Kartenbild schlechter abzurufen, können sich dagegen besser als kleinere Kinder an den letztjährigen Ferienort erinnern. Diese unterschiedlichen Gedächtnisleistungen beruhen auf dem unterschiedlichen Stand der Gedächtnisentwicklung:

- Kinder erinnern sich assoziativ und bildhaft. Es kommen ihnen zu einem Wissensinhalt auch viele damit zusammenhängende Dinge in den Sinn, die sie mitaufgenommen und noch nicht nach ökonomischen Gesichtspunkten aussortiert haben. Die bildhafte, photographische Aufnahme ermöglicht ihnen, sich genau so an etwas zu erinnern, wie sie es wahrgenommen haben.
- Erwachsenen helfen bei der Erinnerung ebenfalls Assoziationen mit. Sie erfassen gleichzeitig aber auch Zusammenhänge, erkennen Strukturen, setzen Strategien und Techniken ein und wenden Wissen über das Gedächtnis und Speicherung an. Zudem hängt die Erinnerung stark von den Emotionen ab, die einem Wissensinhalt mitsamt seinem Kontext beigemessen werden.

Jugendlichen und Erwachsenen steht also zusätzlich zum Erlebnis- und Erfahrungswissen der Kinder formalstrukturiertes Sachwissen zur Verfügung. Dieses muss deshalb auch die gedächtnispsychologische Grundlage für die Gestaltung von Lernprozessen bilden, indem Erfahrungen und allgemeines Wissen über Lernen berücksichtigt werden:

- Erarbeitetes Wissen wird besser behalten als passiv Aufgenommenes.
- Was unmittelbar nach der Aufnahme wiederholt wird, verankert sich besser im Gedächtnis.
- Die Aufnahme über mehrere Sinneskanäle vergrössert die Chance der Erinnerung.
- Sinnvolles, logisch zusammenhängendes Lernmaterial kann besser rekonstruiert werden.

- Gruppierungen, Rhythmen, Verknüpfungen erleichtern das Einspeichern.
- Periodisches Wiederholen, Üben und Anwenden ist für die Speicherung im Langzeitgedächtnis notwendig.
- Schüler haben eine persönliche Lerngeschichte, die sich auch in individuellen Eigenarten des Lernens und Behaltens ausdrückt.

Gedächtnisinhalte sind dem Vergessen unterworfen. Dieses ist nicht als immerwährender Verlust, sondern als ein «Informationen-Nicht-Wiederfinden» zu verstehen. Wird es aus psychoanalytischer Sicht als Defizit-leistung des Langzeitgedächtnisses betrachtet, so entspricht es einer Informationsunterdrückung, einer Verdrängung. Verschiedenste Faktoren – von psychischen Bedingungen, über motivationale Aspekte und bestimmte Aufgabentypen bis zum eigentlichen schulischen Lernprozess – können Vergessen hervorrufen.

Die Vergessenskurve von Ebbinghaus zeigt anhand des zeitlichen Aspektes auf, dass kurz nach der Einprägung einer Information der Vergessensverlust am grössten ist.

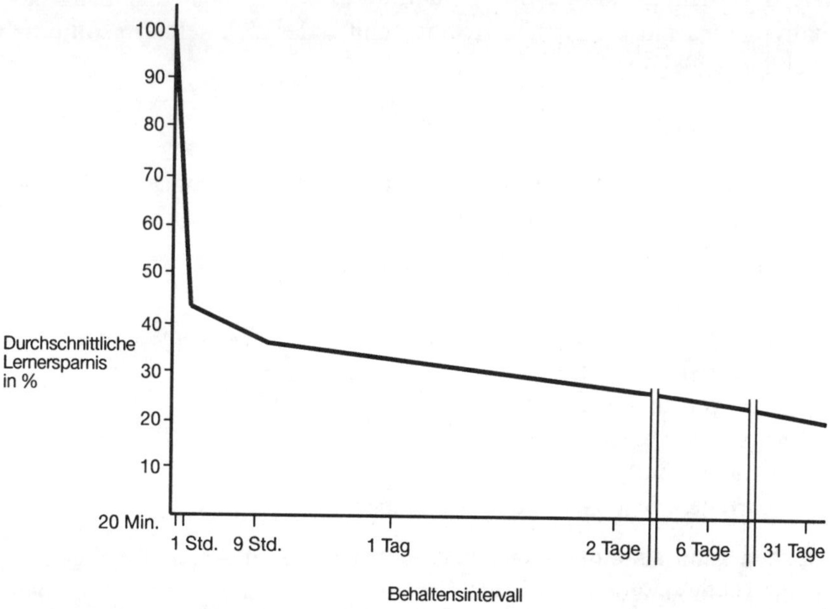

(Schermer 1991: 109)

Aus der Lernpsychologie ist bekannt, dass bei einem umfänglicheren Lerninhalt am Anfang und Schluss Gelerntes besser haften bleibt als das mittlere Teilstück. Vergessen kann aber auch durch den Lernvorgang selbst bedingt sein, indem gemäss der Interferenztheorie in Form einer retroaktiven oder proaktiven Hemmung das Vergessen ausgelöst wird, und das Vor- oder Nachgelernte den Hauptlerninhalt durch Überlagerung anderer Assoziationen stört. Auch die Ergänzung bestehenden Wissens mit neuen Informationen kann sich auswirken und Vergessen erzeugen.

Die Erfahrung zeigt, dass auch – vor allem im Zusammenhang mit Sinneseindrücken – Assoziationen entstehen können, die scheinbar vergessene, unauffindbare Informationen plötzlich wieder ins Gedächtnis rufen. Für den Unterricht bedeutet dies, dass durch geschickt gewählte Lernhilfen, die die Sinne ansprechen, Gedächtnisleistungen wie das Wiedererinnern beeinflusst werden können.

2.3 Lernen und Erkenntnis

Lernen durch Erkenntnis oder kognitives Lernen meint eine «relativ überdauernde Änderung der Auftretenswahrscheinlichkeit eines (kognitiven) Verhaltens, die aus der Erfahrung bzw. Auseinandersetzung des Individuums mit einem Umweltausschnitt oder sich selbst resultiert.» (Schmid 1988: 46)

2.3.1 Erkenntnis

Erkenntnis wird meistens mit «Denken» in Verbindung gebracht. Im schulischen Kontext gehören u.a. dazu:

- Verständnis für einen vorgestellten Inhalt aufbringen
- Zusammenhänge sehen, erfassen, erkennen
- Erscheinungen nach gewissen Merkmalen ordnen, vergleichen, kategorisieren, gruppieren
- Aussagen analysieren oder begründen
- Kombinieren, Gesetzmässigkeiten erkennen
- Lösungen finden
- Beurteilen, Schlussfolgerungen ziehen.

Denken kann als eigentlicher handlungsbezogener Anpassungsprozess an die Bedingungen der Umwelt bezeichnet werden, ist also «ein aktiver Annäherungsprozess an ein Problem, der erst dann endet, wenn alle Operationen und Operationswirkungen ein in sich schlüssiges System bilden.» (Rauh 1974: 233) Informationen werden aufgenommen und verarbeitet, Sachverhalte wahrgenommen, Einsichten gewonnen, Gesetzmässigkeiten erkannt und Handlungen verinnerlicht. Mit eigenständigen, originären Denkformen werden intellektuelle oder handlungsbezogene Probleme gelöst. Es geht insgesamt um das Verstehen, Begreifen, Erkennen, Einsehen von Beziehungs- und Sinnzusammenhängen und deren Veränderlichkeit sowie um das Erfassen komplexer Sachverhalte.

Die geistigen Fähigkeiten des Menschen ermöglichen einen vielfältigen und differenzierten Umgang mit der Wirklichkeit. Erfahrungen werden nach bestimmten Kriterien geordnet, Fragen nach der Wahrheit geprüft, kurz: Erkenntnisse über sich selbst und die Welt gewonnen. Einsichten oder «Aha-Erlebnisse» kommen oft dann zustande, wenn wir einen Augenblick innehalten, staunen oder leicht verunsichert sind, Fragen stellen und anschliessend versuchsweise antworten.

Erkenntnisse werden nicht als Eindrücke per se aufgenommen, sondern entstehen im Aufeinandertreffen der Wirklichkeit mit den Vorerfahrungen, den bestehenden Kenntnissen und Begriffen. Mit diesem Material, den anwendungsfähigen Denk- und Handlungsstrukturen, der sogenannten kognitiven Struktur, versuchen wir, die Welt zu deuten und zu verstehen. Sie spiegelt das Ergebnis aller Lern-, Behaltens- und Vergessensprozesse wider und setzt sich als komplexes Netzwerk aufeinanderbezogener Wissensinhalte aus einer Anzahl von Bedeutungseinheiten oder Schemata zusammen.

«Schemata sind die Repräsentationsformen für Objekte, Sachverhalte, Vorgänge usw.. Sie können Sachverhalte von unterschiedlicher Komplexität und unterschiedlicher Abstraktheit repräsentieren.» (Weidenmann/ Krapp 1986: 150) Sie werden aber auch verstanden als «grössere thematisch zusammenhängende Wissensbereiche, die als ein abgrenzbarer Teil eines Netzwerks aufgefasst werden können, in dem typische Zusammenhänge eines Wirklichkeitsbereiches aufgrund gemachter Erfahrungen repräsentiert sind.» (Schermer 1991: 153) Die Schemata werden beim Lernprozess als Erfahrenes, Gelerntes, Gekonntes und Bekanntes verwendet, aber auch erweitert, in Beziehung gesetzt, verbessert oder neu gebildet. So sind sie zugleich Voraussetzung wie auch Ergebnis des Lernens, dienen als Hintergrundsfolie für die Anpassung (Adaption), die Interpretation und Bewältigung des Alltags und prägen das, was wir als individuelle Wirklichkeit sehen oder benennen.

Die gesamte Auseinandersetzung mit der Umwelt und die daraus resultierenden Verhaltensweisen basieren auf den bestehenden Schemata. Auch wenn etwas für das Individuum scheinbar neu ist, bedeutet dies keinen absoluten Neuanfang. Die Übertragung auf schon bestehende Pläne meint nur die Assimilierung neuer Elemente an bereits vorhandene Strukturen. Bekannte Elemente werden erkannt oder mögliche Veränderungen angepasst, d.h. die kognitive Struktur wird bei der Integration von Informationen modifiziert. Diese gelingt nur, wenn für den neuen Lerninhalt schon eine brauchbare Struktur vorhanden ist, die sich auf dem eigenen Erfahrungs- und Lernhintergrund aufbaut. Je differenzierter sie sich darstellt, d.h. je vernetzter die Informationen sind, umso breiter sind die Erkenntnis- und Denkmöglichkeiten, und es bestehen gute Voraussetzungen, um zu neuen Erkenntnissen zu gelangen. Die Assimilation von Wissen ist dank verdichteter und vernetzter Detailinformationen erfolgreicher.

Wenn folglich im Umgang mit einem theoretischen oder praktischen Problem beim Lernen Schwierigkeiten auftauchen, muss zur Lösung eine Veränderung oder Erweiterung der Schemata angestrebt werden, ansonsten es zu keiner Erkenntnis kommen kann, da die vorhandene kognitive Struktur nicht genügt und die neuen Informationen oder Ereignisse und die daraus abzuleitenden Verhaltensweisen die Brauchbarkeit der vorhandenen Schemata sprengen. «Wenn nur Assimilation an der Entwicklung beteiligt wäre, gäbe es keine Variationen in den Strukturen des Menschen. Infolgedessen würde er keine neuen Inhalte erwerben und sich nicht weiterentwickeln. Assimilation ist insofern notwendig, als sie die Kontinuität der Strukturen und die Integration neuer Elemente in diese Strukturen garantiert.» (Weidenmann/Krapp 1986: 122)

Die Veränderung der Denk- und Handlungsweisen zur Lösung von Problemen bezeichnet Piaget als Akkommodation. Der Schüler – ausgehend vom vorhandenen Wissen – baut seine Wissensstruktur aus, indem er einzelne Schemata untereinander in Beziehung setzt und umgestaltet. So wachsen Erkenntnisse und Neuschöpfungen von Wissen. Wenn Veränderung, Neudeutung, Erfassen von Unbekanntem eine Neuordnung der bestehenden Schemata verlangen, entsteht produktives, schöpferisches Denken. Bei Problemlösungen enthält der Lernprozess immer auch einen Erkenntnisprozess, den sog. «guten Einfall» oder die Entdeckung der Lösung.

Denken und Erkennen sind somit Gegenstand des Lernprozesses. Die Veränderung der Schemata entspricht dem Lernen, das zu verstehen ist

- als Aufbrechen der Denkgewohnheiten durch Verunsicherung, kritisches Fragen, durch das Erfassen zielbezogener Schwierigkeiten, durch Materialsichtung,
- als Aufbau neuer Begriffe und Einsichten durch Lernen am Vorbild, durch selbständige Entdeckungsleistung, durch Planen,

- als Erweiterung, Differenzierung, Vertiefung eines vorhandenen Schemas durch das Beiziehen und Erproben neuer Lösungsmöglichkeiten und
- als Verfestigung von neu erworbenen oder bestehenden Begriffsnetzen, Einsichten und Handlungsabläufen durch vielfältige Anwendung.

2.3.2 Entwicklung des Denkens

Die kognitive Entwicklung der Jugendlichen wird in der Vorpubertät durch den Übergang in die Stufe des formal-logischen Denkens eingeleitet. Verallgemeinerungen und Gesetzmässigkeiten werden nun ausprobiert und hinterfragt.

Wie der Vater . . .

Nach Piaget verläuft die kognitive Entwicklung in vier grossen, sich überschneidenden Phasen. Dabei geht der Entwicklungsprozess in den Übergangsphasen auch regressiv vor sich, d.h. dass der Mensch jeweils auf die vorangegangene Stufe zurückgeworfen wird oder sogar alle Phasen nochmals durchläuft.

1. Phase: Die angeborenen Reflexe werden geübt und mit Reaktionen koordiniert, Sinneseindrücke und Handlungserfahrungen miteinander verknüpft und in Übereinstimmung gebracht. Aufgebaute Handlungsschemata werden in neuen Situationen angewendet. Die Wahrnehmungsfähigkeiten entwickeln sich, werden geordnet und mit dem Tun in eine sinnvolle Beziehung gesetzt. Damit vollziehen sich innerliche Handlungen, was als Beginn des Denkens bezeichnet werden kann.

2. Phase: Die Erfahrungen der ersten Phase werden mit der Sprache, mit Bildern und Wörtern verknüpft. Es kommt zu Denkprozessen, indem nun Vorstellungen und Symbole verwendet werden. Der Spracherwerb vollzieht sich im laufenden Wechsel zwischen Symbol und Wahrnehmungs- bzw. Handlungserfahrung. Die ersten Namen und Begriffe sind geistige Wahrnehmungswerkzeuge, die ihrerseits laufend differenziert werden müssen. Der Ausdruck «Auto» steht zunächst noch für alles, was fährt. Erst später erfolgt die Differenzierung in verschiedene Kategorien. Beim laufenden Aufbau von Begriffen lernt das Kind immer mehr, mit symbolischen Beziehungen umzugehen. Resultat ist ein ständiges Umlernen und Differenzieren.

3. Phase: Das Erlernte der ersten und zweiten Phase wird nun innerlich vollzogen und mit neuen Umwelterfahrungen verknüpft. Das Kind im Schulalter kann mit seinem inneren Sprechen, den inneren Bildern, Vorstellungen und Handlungen umgehen und konkrete Probleme im Kopf lösen. Es stellt verschiedene Relationen her, verfolgt Gedankengänge zurück und führt in einem innerlichen Gespräch deduzierend logische Vorgänge durch.

4. Phase: Jugendliche können auch abstrakte, nicht mehr nur anschauungs- oder handlungsgebundene, Probleme geistig bewältigen. Sie bilden ohne vorgegebene Informationen Hypothesen zu einer bestimmten Fragestellung oder zu Problemlösungen, aktivieren das dazu nötige Denkmaterial im Gedächtnis und setzen es ein.

Nach dem Modell Piagets ist die Denkentwicklung als selbstkonstruktiver Prozess in der Auseinandersetzung mit der Umwelt beim Eintritt in die Lehre mehrheitlich abgeschlossen. Die quantitative Entwicklung geht nun in eine qualitative über, die sich in einem veränderten Erleben und in einer Denk- und Fragehaltung ausdrückt. Dies zeigt sich darin, dass der Jugendliche Aussagen über Aussagen machen kann und nicht mehr auf die konkreten Operationen zurückgreifen muss. Vielmehr dienen diese als Fundament für den neuen Umgang mit Denken, indem der junge Mensch «die Wahrheit der Schlussfolgerungen aus der Verknüpfung der vorangestellten Aussagen zu erschliessen sucht.» (Ewert 1983: 97)

In der Berufsschule sollen die Lehrlinge und Lehrtöchter ihr formal–logisches Denken weiter entfalten können. Dazu genügt die Reproduktion fremder Erkenntnisse nicht. Das geistige Wachstum ist im Zusammenhang mit dem Beruf und dem Alltagsleben zu fördern. Wissen und Handeln sollen durch vorhandene Erkenntnisse, eigene Überlegungen und Einsichten sowie durch ein entsprechendes Problemlöseangebot ergänzt und entfaltet und Zusammenhänge und Gesetzmässigkeiten erfasst werden, indem in kritischer Auseinandersetzung Probleme analysiert und durchschaubar gemacht und zugleich aber auch Problemlösestrategien entwickelt werden.

3. Aspekte des Lernprozesses im Unterricht

Die Kenntnis des kognitiven Prozesses ermöglicht es der Lehrperson durch Berücksichtigung der einzelnen Aspekte, den Unterricht dem Entwicklungsstand und den Fähigkeiten der Auszubildenden anzupassen und so optimale Lernergebnisse zu erzielen.

3.1 Erfahrung und Unterrichtsgestaltung

Die Berufsschule ist als Mittlerin zwischen der beruflichen und schulischen Erfahrungswelt, dem Lebensalltag des Lehrlings sowie der Lehrtochter und der kognitiven Aufarbeitung allgemeinen und berufspraktischen Wissens zu verstehen. Lernen ist für die Auszubildenden stark mit Erfahren, Wahrnehmen, Handeln und Erleben verknüpft.

Berufsorientierte Wissensangebote sind in einem erfahrungs- und handlungsorientierten Lernprozess an die Auszubildenden heranzutragen. Durch unterrichtliches Erfahren und Handeln sollen der Lehrling und die Lehrtochter ihre persönliche und berufliche Umwelt wahrnehmen, erleben und kognitiv durchdringen können. Bei der Gestaltung des Unterrichts muss auf früher systematisierte und strukturierte Erfahrungen zurückgegriffen werden können, dies umso mehr, als heute viele Erfahrungen aus zweiter Hand durch mediatisierte Aneignung der symbolischen Kultur gemacht werden, was in einer Verarmung des Bereichs primärer Erfahrungen gipfelt. Die durch Konsum angeeignete Wirklichkeit und die damit einhergehende Verringerung der Eigentätigkeit und des Handelns führen zu einer Beschränkung unmittelbarer Erfahrungen. Schule muss daher auch verlorengegangene Wirklichkeit bereitstellen und dem Auszubildenden eigene Lernerfahrungen ermöglichen. Dadurch wird ihm einsichtig, wie erlerntes Wissen mit der Wirklichkeit zusammenhängt. Durch sowohl lehrergesteuertes als auch selbständiges Lernen findet er zu fremd- und selbstinterpretierter Wirklichkeit. In der Schule soll Lernenden nicht nur Wissen vermittelt werden, sondern der Unterricht soll insbesondere verständlich und erfahrbar machen, wie dieses Wissen mit der Wirklichkeit zusammenhängt. Durch dieses Eindringen in das Wirklichkeitswissen, kann der Lehrling Fähigkeiten und Fertigkeiten erfahren und lernen, die es ihm ermöglichen, sie in die Berufs- und Alltagswelt zu übertragen, anzuwenden und weiterzuentwickeln.

Die Lehrperson bietet bei der Vermittlung unterrichtlicher Erfahrungen durch die Berücksichtigung der angeführten Gesichtspunkte den Schülern und Schülerinnen die Möglichkeit, im Unterricht Erfahrungen selber zu machen und optimal zu lernen. Daher muss der Unterricht vermehrt erfahrungs- und handlungsbezogen gestaltet werden. Dabei ist aber zu beachten, dass die Organisation von besseren, erfahrungsbezogenen Lernchancen noch keinen verwirklichten Lernerfolg garantiert. Nötig ist eine Distanznahme von einer lediglichen Beschäftigung oder vom alleinigen, fröhlichen Tun und eine Hinwendung zu reflektiertem Handeln. Erfahrungsbezogenes, praktisches Lernen braucht die unmittelbare Erfahrung im handelnden Umgang als Ausgangs-, Vergleichs- und Endpunkt, bedarf aber auch der theoretisierenden Abstraktion. Sonst bleibt das Lernen auf der Ebene der Reproduktion von Arbeitsabläufen stehen. Der Schüler muss also den Lehr-/Lernprozess mitplanen und mitsteuern können.

«Erfahrungsbezogenes Lernen» vollzieht sich in drei Stufen:

1. Aneignung von Erfahrung: Die Lehrperson schafft Situationen, in denen die Schüler sich an frühere Wahrnehmungen und Erlebnisse erinnern und sie darstellen sowie reflektieren können.

2. Verarbeitung von Erfahrungen: Die Lernenden brauchen neue Perspektiven, Erklärungsmuster und Erfahrungen, damit sie das Erlebte neu sehen, interpretieren und in seiner gesellschaftlichen Dimension erklären können.

3. Veröffentlichung von Erfahrungen: Damit der Lernprozess nicht folgenlos bleibt, wird das Erarbeitete einer über den eigenen Klassenzusammenhang hinausgehenden Öffentlichkeit zugänglich gemacht. (Scheller in Gudjons 1986: 26 f)

Bei der Unterrichtsgestaltung sollen die Lernbedingungen wie auch das Aufspüren sinnvoller Sachlagen, die für den Erwerb von sinnlich-körperlichen Erfahrungen geeignet sind, berücksichtigt werden. Fachübergreifende oder themenbezogene Lernfelder sind bereitzustellen, die auch die Arbeitsplatzsituation einbeziehen. Die didaktische Gestaltung und die methodischen Formen wie Handeln an Objekten, die Durchführung von Projekten, Werkstattunterricht usw. bieten dem Schüler die Möglichkeit, Erfahrungen zu machen und Handlungen auszuführen, die zum gewünschten Lernerfolg führen.

Für die Durchführung des Unterrichts ist nicht nur die sorgfältige Organisation, sondern auch die individuelle und klassenbezogene Führung und Begleitung der Auszubildenden zu beachten. Organisatorische Unklarheiten schaffen Verwirrung. Deshalb ist im voraus zu planen, wer wann was tut und was notwendigerweise mit den Schülern erarbeitet werden muss. Sinnvolle Lernschritte werden dem Schüler einsichtig gemacht, indem er

- weiss, was er als nächstes zu tun hat oder tun will,
- vorausdenkt,
- Zeit zum Erproben hat, dabei unterstützt und ermutigt wird,
- Lernaufgaben lösen kann,
- den Lernprozess verstehen und nachvollziehen kann.

Die Bereitstellung von Inhalten, Raum und Zeit ermöglicht den Schülern und Schülerinnen selbständiges Lernen. Eigentätigkeit erst bildet das Fundament für wesentliche Erfahrungen. Planen, Ausführen und Überprüfen wird miteinander verbunden. Auch psychologische Aspekte des Erfahrungsvollzugs sind zu beachten, wie etwa die Aktivierung der Vorerfahrungen, die persönliche Auseinandersetzung, die Umsetzung in ein anderes Medium und die Anpassung der Wahrnehmungs-, Handlungs- und Erlebnisstrukturen an die Lernaufgabe.

3.2 Gedächtnis und Unterrichtsgestaltung

Wenn für den Auszubildenden Unterricht nicht lediglich Stoffvermittlung oder -angebot bedeutet, muss er gedächtniswirksam gestaltet werden. Untersuchungen zeigen, «dass es den für alle Lerner optimalen Unterricht bzw. Text nicht gibt. Die Existenz von Wechselwirkungen zwischen Lernermerkmalen und Instruktionsbedingungen legt vielmehr nahe, für Lerngruppen mit unterschiedlichen Lernvoraussetzungen unterschiedliche Unterrichts- bzw. Textvarianten zu erstellen.» (Weidenmann/Krapp 1986: 172) Die Aufgabe, sich Lerninhalte zu merken und abrufbar bereitzuhalten, darf nicht private Angelegenheit jedes einzelnen Schülers sein, sondern bildet einen wesentlichen Bestandteil der Unterrichtsplanung. Auf diesen Überlegungen basieren verschiedene Forderungen:

- Unterrichtszeit muss auch Übungszeit sein, in der Lernaufgaben so formuliert und gestellt sind, dass der Inhalt von der Sache und der Struktur her verstanden, erfasst und reproduziert werden kann, um dem Schüler das Behalten und Anwenden zu erleichtern.
- Unterricht muss für die Schüler und Schülerinnen einsichtig sein, so dass sie erkennen können, was sie wissen und sich merken müssen.
- Der Unterricht und Lerninhalt müssen die Lernenden emotional ansprechen, damit zum Wissensinhalt ein (affektiver) Bezug hergestellt werden kann.
- Lerninhalte müssen vernetzt und fächerübergreifend gestaltet werden, so dass Zusammenhänge ersichtlich werden.
- Lehrergesteuertes und selbständiges Lernen müssen Bestandteile des Unterrichts darstellen.

Für die Unterrichtsgestaltung bedeutet dies:

- Bei der Unterrichtsplanung und -vorbereitung sind bewusst die Inhalte hervorzuheben, die von den Schülern und Schülerinnen als Kenntnisse und Wissen erworben werden müssen.
- Verschiedene Lehr-/Lernformen und -techniken sollen berücksichtigt und eingesetzt werden.

- Unmittelbares und periodisches Üben des Voraussetzungswissens für neue Lerninhalte muss eingebaut werden. Bewährte Formen werden wiederholt, damit sich Handlungsoperationen als Muster im Gedächtnis verfestigen können.
- Zusammenhänge müssen einsichtig gemacht werden.
- Vermitteltes und zu lernendes Wissen muss unmittelbar kontrolliert und bei richtiger Anwendung verstärkt werden.

Gedächtnisleistungen – Einprägen und auch Sich-Wiedererinnern – stehen in engem Zusammenhang mit Erfahrungen, Assoziationen, den Sinnen sowie mit dem Gefühlsleben. Lernen im Unterricht muss sich daher sowohl auf der kognitiven als auch affektiven Ebene vollziehen.

3.3 Erkennen und Unterrichtsgestaltung

Beim Lernen durch Erkennen steht nicht der Wissenserwerb im Mittelpunkt, sondern vielmehr das Durchdringen, Erfassen und die Bildung von Strukturen, Regeln und Strategien. Bei einer geistigen Tätigkeit dieser Art darf der Schüler oder die Schülerin nicht nur auf sich selber gestellt werden, sondern es ist im Unterricht dafür zu sorgen, dass die Probleme verstanden, den Lernenden Hilfen angeboten und mit ihnen Lösungsstrategien entwickelt werden, die ihnen den Weg bis zur Erkenntnis weisen. Dies kann nur erreicht werden, wenn die Lehrperson einen Unterrichtsstil mit einem geringen Ausmass an Dirigierung einsetzt, d.h. enge Fragen und Befehle, das Wiedergeben von abrufbaren Fakten, Gedanken oder Meinungen unterlässt und dafür Denkvorgänge fördert, die ein Kombinieren, Abstrahieren und Kreativität erfordern. Gleichzeitig erhält damit Unterricht und Unterrichtszeit eine zusätzliche Bedeutung, da Denken nicht gradlinig verläuft, sondern in Vorwärts- und Rückwärtsbewegungen, im Suchen und Irren. Dem Schüler und der Schülerin müssen Zeit zum Überlegen, Raum zum Erkunden, Gelegenheit zum Fragenstellen und die Möglichkeit zur Darstellung eigener Gedanken gegeben werden. Denn Erkennen und Denken meinen Wissen neu strukturieren und organisieren, Ideen prüfen und verwerfen sowie neue Lösungen entdecken, die noch nicht in dieser Form als Schema gespeichert worden sind.

Die Kenntnis lernpsychologischer Konzepte erleichtert die didaktische Gestaltung bei Problemlösungsaufgaben und beim Aufbau von Wissensstrukturen. Beim Lernen durch Erkennen vollziehen sich zwei

Erleuchtung – Wege zur Erkenntnis

Prozesse, die Assimilation und Akkommodation. Daraus ergeben sich für den Unterricht zwei unterschiedliche Vorgehensweisen:

1. Erkennen und Erfassen eines Sachverhaltes durch bewährte Schemata (Assimilation): Den Auszubildenden wird ermöglicht, Lösungen durch Anwenden und Übertragen von bewährten Schemata zu finden.

2. Erlangen von Erkenntnissen durch Neuprägen von Schemata (Akkomodation): Dem Schüler oder der Schülerin wird die Möglichkeit geboten, neue Informationen und Sachverhalte durch eigene Problemlösestrategien zu durchdringen und zu verstehen.

Im Unterricht darf aber nicht einfach nur auf abstrakte Erkenntnisse hingearbeitet werden, sondern neu einzuführende Begriffe, Gesetzmässigkeiten und Einsichten müssen sorgfältig in der Erfahrung und auch der Anschauung verankert werden:

- Es sind bei der Unterrichtsplanung und -vorbereitung Themen mit subjektiv bedeutsamen Problem- und Fragestellungen aufzunehmen. Die persönlichen Erfahrungen der Lernenden und die inhaltlichen Voraussetzungen sind mit dem Lerninhalt in Verbindung zu bringen.
- Bei der Unterrichtsgestaltung soll sorgfältig Schritt um Schritt vorgegangen werden. Jeder Schüler soll die Handlungs-, Anschauungs- und Sprachformen vollziehen können, die für die Lösung eines Problems oder für eine neue Erkenntnis notwendig sind. Auch soll er Gelegenheit erhalten, selbständig Lösungsmöglichkeiten für eine komplexe Fragestellung zu suchen.

Abschliessend sei auch auf die grosse Bedeutung der Sprache im Zusammenhang mit Erkenntnis hinzuweisen. Beide sind eng miteinander verbunden, unterstützt doch Sprache Denken als verinnerlichtes Handeln und hilft so bei der Formulierung von Gedanken. Zudem verdeutlicht die sprachliche Darlegung als Kontrollmöglichkeit, ob ein Erkenntnisprozess abgeschlossen und verstanden worden und der Schüler oder die Schülerin zu einer neuen Einsicht gelangt ist.

Unterrichtsgestaltung ist mit den drei ausgeführten Arten des Lernens sehr eng verknüpft. Das verlangt jedoch, dass die Lehrperson über Kenntnisse und Verständnis für die Lernprozesse der Schüler und über ein umfängliches didaktisches Handwerk verfügt. Wenn sie zugleich bereit ist, immer wieder das eigene unterrichtliche Handeln zu reflektieren, Bereitschaft zeigt, festgefahrene Pfade zu verlassen und den Mut aufbringt, sich tastend an neue Formen heranzuarbeiten, wird dies zu erfolgreichem Lernen und Lehren in Zusammenarbeit mit den Schülern und Schülerinnen führen.

VI. GLOSSAR

Cluster — eine als einheitliches Ganzes zu betrachtende Menge von Einzelteilchen

habituell — gewohnheitsmässig, zum Charakter gehörend, verhaltenseigen

haptisch — den Tastsinn betreffend

intrinsisch — aus eigenem Antrieb, aus Interesse an der Sache erfolgend

Lehr/Lernformen — sind Bestandteile der methodischen Gestaltung, die als reflektierte Erfahrungsregeln unterrichtlichen Handelns bestimmte Handlungsziele, Lerninhalte und den Lernprozess der Schüler unterstützen, fördern und verwirklichen helfen.

Lernenlernen — Lernenlernen als formales Lernen ist das bewusste Nachvollziehen von Lernvorgängen, um Einsicht in die eigenen Lernprozesse zu erhalten. Dabei wird durch das metakognitive Verhalten und den Einsatz von Lernstrategien und -techniken die selbständige und adäquate Steuerung des eigenen Lernverhaltens ermöglicht.

Lernen und Erfahrung — Lernen und Erfahrung schliessen wahrnehmungs-, handlungs- und erlebnispsychologische Lernkonzepte ein. Sie bauen auf der Sinnes-wahrnehmung, dem Erleben und Handeln auf. Neue Erfahrungen werden immer in Beziehung zum persönlichen Erfahrungspotential gesetzt.

Lernen und Erkenntnis — Erkenntnispsychologische Lernkonzepte erleichtern die didaktische Gestaltung bei Problemlösungsaufgaben und beim Aufbau von Wissensstrukturen. Lernen und Erkenntnis umfassen den Lernvorgang, bei dem nicht nur Kenntnisse angeeignet werden, sondern Vorgänge, Zusammenhänge, Gesetzmässigkeiten, Strukturen aufgedeckt und erkannt werden. Bei Lernen und Erkenntnis geht es um das Ordnen, Vergleichen, Problemlösen und Begreifen. Es beinhaltet das Aufbrechen von Denkgewohnheiten, die Erweiterung, Differenzierung und Vertiefung eines bestehenden «Schemas» (Piaget) und die Verfestigung von neu erworbenen oder bestehenden Begriffen und Einsichten durch vielfältige Anwendung.

Lernen und Gedächtnis Gedächtnispsychologische Lernkonzepte befassen sich mit dem Aufnehmen, Behalten und Wiedergeben von Wissen und der grundsätzlichen «Gedächtniswirksamkeit» von Unterricht. Gedächtnislernen basiert vor allem auf dem Üben.

Methodische Gestaltung Umschreibt das beabsichtigte methodisch-didaktische Gestalten des Unterrichts, sowohl auf der Ebene der Unterrichtsvorbereitung als auch auf der Ebene des eigentlichen unterrichtlichen Handelns.

Mediatisierung mittelbare, hier: durch die Medien vermittelte, nicht selber erlebte Inhalte und Erfahrungen

Metakognition sich Erkenntnis über das Erwerben von Erkenntnis verschaffen

Reflexion Umfasst die spezifische, analysierende und reflektierende Durchdringung eines Prozesses oder Lerninhaltes. Der Lerninhalt wird auf seinen Sinn und seine Bedeutung hin für den Schüler, den Lehrer und den Unterricht geprüft.

Schemata Schemata (Piaget) stellen Raster dar, die wir an unsere Wahrnehmungen und Überlegungen anlegen, um deren Bedeutung zu ermitteln. Schemata helfen uns im Alltag, Welt zu bewältigen und zu verstehen. Es sind schablonenartige Grundmuster, mit denen wir versuchen, Welt zu deuten und zu ordnen.

tayloristisch-fordistischer Arbeitsablauf arbeitsteiliger, auf möglichst rationelle und wirtschaftliche Effizienz ausgerichtetes Arbeitsvorgehen.

Transfer Übertragung der im Zusammenhang mit einer bestimmten Aufgabe erlernten Vorgänge auf eine andere Aufgabe.

Literaturverzeichnis

Adank, D.:	Die Steuerung von Unterrichtssequenzen durch Leittexte. Unveröffentlichte Arbeit. Bern 1991
Aebli, H.:	Zwölf Grundformen des Lehrens. Stuttgart 1985
Aebli, H.:	Grundlagen des Lehrens. Stuttgart 1987
Aregger, K.:	Pädagogische Unterrichtsgstaltung. Perspektiven für ganzheitliches Unterrichten. Hannover 1986
Aregger, K.:	Ganzheitliche Förderung in Erziehung und Unterricht. Aarau 1991
Arnold, R.:	Berufspädagogik. Aarau 1990
Arnold, R.:	Ganzheitliche Berufsbildung. (Referat 1991)
Bachmair, G.:	Handlungsorientierte Unterrichtsanalyse. Weinheim 1980
Bastian, J.:	Projektunterricht anfangen. In: Pädagogik 10/1992, S. 26–30
Bauer, B.:	Leittext. In: LERNFELD BETRIEB 2/1992, S. 28–30
Beck, E.:	Eigenständiges Lernen – Eine Herausforderung für Schule und Lehrerbildung. In: Beiträge zur Lehrerbildung 2/1989, S. 168–178
Beck, U.:	Risikogesellschaft. Auf dem Weg in eine andere Moderne. Frankfurt 1986
Becker, G.E.:	Planung von Unterricht. 1. Teil Weinheim 1984
Becker, G.E.:	Durchführung von Unterricht. 2. Teil Weinheim 1984
Becker, G.E.:	Auswertung und Beurteilung von Unterricht. 3. Teil Weinheim 1986

Becker, G.E.: Handlungsorientierte Didaktik. Weinheim 1991

Benner, D.: Was heisst: Durch Unterricht erziehen. In: Zeitschrift für Pädagogik 4/1985

Berner, H.: Aktuelle Strömungen in der Pädagogik. Bern 1992

Bleckwenn, H. u.a.: «Phantasiereise». Imaginative Verfahren im Deutschunterricht. In: Pädagogik 12/1988, S. 25–35

Bohnsack, F.: Schüleraktive und schülerorientierte Unterrichtsstrukturen. Referat an der Interlaker Werktagung 1989

Böhm, W.: Wörterbuch der Pädagogik. Stuttgart 1982

Broich, J.: Rollenspiele mit Erwachsenen. Hamburg 1980

Brühwiler, H.: Methoden der ganzheitlichen Jugend- und Erwachsenenbildung. Opladen 1992

Bruner, J.S.: Studien zur kognitiven Entwicklung. Stuttgart 1971

Büchel, F. u.a.: Lernstrategien für die Berufsschule. Basel 1983

Büchel, F.: Wie weit lässt sich Lernfähigkeit fördern? In: Beiträge zur Lehrerbildung 2/1989, S. 179–188

Dewey, J.: Demokratie und Erziehung. Braunschweig 1964

Dietrich, G.: Pädagogische Psychologie. Eine Einführung auf handlungstheoretischer Grundlage. Bad Heilbrunn 1984

Dokumentation: Allgemeine Didaktik und Schulpraktische Ausbildung. Seminar für Pädagogische Grundausbildung Zürich 1981

Dubs, R.: Individualisieren im Unterricht. In: schweizer schule 1/2/1979, S. 16–31

Dubs, R.: Kleine Unterrichtslehre für den Lernbereich Wirtschaft, Recht, Staat und Gesellschaft. Aarau 1985

Dubs, R.: Unterrichtsvorbereitung.
St. Gallen 1987

Dubs, R.: Vernetztes Denken im Wirtschaftsunterricht.
In: Zeitschrift für Berufs- und Wirtschaftspädagogik 1/1989 S. 50–61

Dubs, R.: Versuch einer Differenzierung von polarisierenden Aussagen über Lehrformen (Unterrichts-Methoden) und über den Führungsstil des Lehrers im Klassenzimmer.
In: Zeitschrift für Berufs- und Wirtschaftspädagogik 6/1991, S. 443–445

Dubs, R.: Gedanken zur schweizerischen Berufsbildung.
In: Berufsbildung im Umbruch. Beiträge zur Berufsbildung Nr. 4, BIGA-Schriftenreihe.
Bern 1993

Duncker, L.: «Handgreiflich» – «Ganzheitlich» – «Praktisch»?
In: Neue Sammlung. 1/1989, S. 59–75

Fatzer, G.: Ganzheitliches Lernen.
Paderborn 1987

Felfe, J.: TPK-Training pädagogischer Kompetenzen zur Vermittlung fachübergreifender Qualifikationen in der Berufsausbildung.
Frankfurt 1992

Fend, H.: Theorie der Schule.
München 1980

Flechsig, K-H.: Kleines Handbuch didaktischer Modelle.
Göttingen 1991[3]

Forneck, H.J.: Moderne und Bildung.
Weinheim 1992

Freundlinger, A.: Schlüsselqualifikationen für Wirtschaft und Gesellschaft.
In: Ibw 9/1991, S. 11–14

Frey, K. u.a.: Allgemeine Didaktik.
Zürich 1989

Frey, K. u.a.: «Elektromobile», Fallstudie.
Zürich 1991

Füglister, P., u.a.: Alltagstheorien von Berufsschullehrern über ihr unterrichtliches Handeln. Nationales Forschungsprojekt.
Bern 1985

Furrer, W. u.a.: ADAP-Projekt des Primarlehrerseminars Zürich, Abt. Irchel. Unveröffentlichtes Arbeitspapier, Zürich 1986

Gasser, P.: Eine neue Lernkultur. Gerlafingen 1989

Gasser, P.: Didaktische Impulse. Gerlafingen 1992

Glöckel, H.: Vom Unterricht. Bad Heilbrunn 1990

Goetze, W. u.a.: Selbständiges Lernen. Zürich 1990

Grell, J. u. M.: Unterrichtsrezepte. München 1979

Grinder, M.: NLP für Lehrer. Freiburg im Breisgau 1991

Gudjons, H.: Handlungsorientiert Lehren und Lernen. Bad Heilbrunn 1986

Guldimann, T.: Eigenständige Lerner. Unveröffentlichtes Arbeitspapier, St. Gallen 1991

Hänggi, P.u. a.: Die Rolle des Wiederverarbeitungszeitpunktes beim Behalten von Vorlesungsinformation. In: Zeitschrift für Pädagogische Psychologie 6/1992, S. 175–183

Hierdeis, H., u.a.: Pädagogische Alltagstheorien und erziehungswissenschaftliche Theorien. Bad Heilbrunn 1992

Hirt, Ch.: Moderation in Gruppen: eine Literaturübersicht. In: Gruppendynamik 3/1992, S. 203–213

Höpfner, H.-D.: Entwicklung selbständigen Handelns in der beruflichen Aus- und Weiterbildung. Berlin 1991

Hurrelmann, K.: Schulische «Lernarbeit» im Jugendalter. In: Zeitschrift für Pädagogik 6/1988, S.761–780

Jahnke, J.: Sozialpsychologie der Schule. Opladen 1982

Kasper, H.: Offener Unterricht in der Diskussion. In: Grundschule 5/1988, S. 62–66

Kelbert, K. u.a.: KurzModeration. Hamburg 1987

Kell, A.: Lernen und Arbeiten: Zu einem berufspädagogischen Thema und seiner Forschungslage. In: Berufsbildung in Wissenschaft und Praxis 6/1990, S. 15–20

Kirckhoff, M.: Mind Mapping. Berlin 1988

Klafki, W.: Neue Studien zur Bildungstheorie und Didaktik. Weinheim 1991

Klauer, K.-J.: Über das Lehren des Lernens. In: Zeitschrift für Pädagogik. Beiheft 23, 1988

Knobel, U.: Werkstatt Deutsch. Langnau a.A. 1992

Koch, J.: Ansichten, Einsichten und Missverständnisse in der Ausbildung mit Leittexten. In: Berufsbildung in Wissenschaft und Praxis 21/1992/3, S. 29–32

Krapf, B.: Aufbruch zu einer neuen Lernkultur. Bern 1992

Kratz, H.-J.: Eine Kultur? In: LERNFELD BETRIEB 2/1992, S. 22–25

Kutscha, G.: Berufsbildungsforschung unter dem Anspruch der Bildungsprinzips. In: Berufsbildung in Wissenschaft und Praxis 6/1990, S. 3–9

Landolt, H.: Beratung in der Schule. In: Agogik 2/1981, S. 4–8

Landolt, H.: Werkstattunterricht. In: Panorama 14/1991, S. 31–34

Landolt, H.: Fächerübergreifender Unterricht in der Lehrerausbildung: «Thema Verkehrsmittel als Beispiel». In: FORUM 17/1992, S. 12–13

Landwehr, N.: Belastungsabbau im Unterricht. SIPRI-Projekt Zürich 1984

Landwehr, N.: Gedanken zum fächerübergreifenden Unterricht. Unveröffentlichtes Manuskript, Aarau 1993

Lipsmeier, A.: Ganzheitlichkeit als berufspädagogische Kategorie. In: Zeitschrift für Berufs- und Wirtschaftspädagogik 2/1989, S. 137–151

Lisop, I.: Bildungspolitik-Beratung.
In: Berufsbildung in Wissenschaft und Praxis 6/1990, S. 21–25

Ludwig, R. u.a.: Und ... Es geht doch. Projektunterricht im Leistungskurs Physik.
In: Pädagogik 7/8/1991, S. 47–53

Mandl, H. u.a.: Wissenschaftliche Weiterbildung und Selbststudium.
Weinheim 1991

Meier, W.: Lernen lernen und das eigene Lernen verstehen.
In: Beiträge zur Lehrerbildung 2/1989, S. 161–168

Messner, H.: Unterrichten lernen.
Hannover 1981

Metzger, Ch.: Lernstrategie. Wie fördern Lehrer das selbständige Lernen.
In: Zeitschrift für Berufs- und Wirtschaftspädagogik 4/85/1989, S. 344–359

Meyer, H.: Unterrichtsmethoden. I. Theorieband.
Frankfurt 1987

Middendorf, W.: Anmerkungen zum Stellenwert von Schlüsselqualifikationen in der beruflichen Bildung.
In: Zeitschrift für Berufs- und Wirtschaftspädagogik 2/1991, S. 152–155

Möller, K.: Lernen durch Tun.
Frankfurt 1987

Müller, J.: Der Weg zur Moderation und Lernbegleitung.
Seon 1992

Müller-Wieland M.: Geist und Tiefenbezug der Sprache.
Hildesheim 1989

Nashan, R. u.a.: Unterrichtspraxis. Metalltechnik. Maschinentechnik.
Bonn 1990

Neber, H.: Wissensnutzung: Förderung durch ein Training des situativen Wissenszugangs.
In: Zeitschrift für Pädagogische Psychologie 6/1992, S. 99–114

Onken, Th.: Die Schweiz im Umbruch – und die Bildung?
In: Neue Zürcher Zeitung 170/1991, S. 15

Pätzold, G.: Lehren und Lernen im beruflichen Ausbildungsbereich.
Frankfurt 1982

Perrez, M. u.a.: Lernen und Lerntheorien.
In: Schiefele, H. u. Krapp, A. (Hrsg.): Handlexikon der Pädagogischen Psychologie.
München 1981

Pieper, A.: Moderation und Teamentwicklung als Führungsaufgaben.
In: Gruppendynamik 3/1992, S. 271–284

Pollak, G.: Modernisierung und Pädagogisierung individueller Lebensführung.
In: Zeitschrift für Berufs- und Wirtschaftspädagogik 8/1991, S. 621–636

Rambacher, H.: Zur Handlungsorientierung des Berufsschulunterrichts.
In: Zeitschrift für Berufs- und Wirtschaftspädagogik 2/91, S. 147–151

Rauh, H.: Entwicklung des Denkens.
In: Weinert, F.E.: Pädagogische Psychologie.
Frankfurt a.M. 1974, Bd. 1, S. 233–274

Reichen, J.: Hinweise zum Werkstattunterricht.
o. Jg. (Broschüre der Päd. Abt. der ED Zürich)

Rogers, C. R.: Lernen in Freiheit.
München 1974

Rolff, H.-G.: Die allgemeinbildende Schule der Zukunft – das Wissen für morgen.
In: Neue Technologien und die Zukunft für Schule und berufliche Bildung.
Tagungsdokumentation.
Rüschlikon 1990

Rolff, H.-G.: Schulentwicklung als Entwicklung von Einzelschulen? Theorien und Indikatoren von Entwicklungsprozessen.
In: Zeitschrift für Pädagogik 6/1991, S. 865–886

Roth, H.: Pädagogische Psychologie des Lehrens und Lernens.
Hannover 1983

Roth, L.: (Hrsg.) Pädagogik. Handbuch für Studium und Praxis.
München 1991

Rottluff, J.: Selbständig lernen.
Weinheim 1992

Schader, B.: Hinweise zum Werkstattunterricht.
Unveröffentlichtes Arbeitspapier
Zürich 1990

Schelten, A.: Einführung in die Berufspädagogik.
Stuttgart 1991

Schermer, F. J.: Lernen und Gedächtnis.
Stuttgart 1991

Schmid, Ch.: Lerntransfer in der Schule.
Zürich 1988

Schmidt, W.: Unterrichtsgestaltung.
München 1978

Schräder-Naef, R.: Arbeits- und Lerntechnik I–III.
In: perspektiven 2, 3, 4/1988

Schräder-Naef, R.: Lerntraining für Erwachsene.
Weinheim 1991

Schulz, W.: Praktisches Lernen als aufgeklärtes Handeln.
In: Pädagogik 7/8/1989, S. 61–65

Schulz, W.: Selbständigkeit – Selbstbestimmung – Selbstverantwortung.
In: Pädagogik 6/1990, S. 34–40

Schulze, G.: Die Erlebnisgesellschaft.
Frankfurt 1992

Schurer, B.: Grundlagen einer subjektorientierten Didaktik beruflichen Lernens und Lehrens in Unterricht und Unterweisung.
In: Zeitschrift für Berufs- und Wirtschaftspädagogik 8/1986, S. 675–689

Seitz, H.: Ganzheitliches Lehren und Lernen.
In: Zeitschrift für Berufs- und Wirtschaftspädagogik 8/1990, S. 724–736

Selka, R. u.a.: Leittexte – ein Weg zu selbständigem Lernen.
Berlin 1987

Söltenfuss, G.: Grundlagen handlungsorientierten Lernens.
Bad Heilbrunn 1983

Stadelmann, J.: Die Entwicklung der kognitiven Leistungsfähigkeit bei Jugendlichen im Verlauf des ersten Lehrjahres.
Zürich 1990

Steinborn, H.-Ch., u.a.: Ausbilder in der Industrie. Berichte zur beruflichen Bildung. Berlin 139/1992

Tausch, A. u. R.: Erziehungspsychologie. Göttingen 1977

Terhart, E.: Lehr-Lernmethoden. Weinheim 1989

Terhart, E.: Selbständigkeit. In: Pädagogik 6/1990, S. 6–9

Vester, F.: Denken, Lernen, Vergessen. Stuttgart 1979

Weidenmann, B. u.a.: (Hrsg.): Pädagogische Psychologie. Weinheim 1986

Weilnböck-Buck, I.: Zukunftsorientierte Anforderungen an eine arbeitspädagogische Weiterbildung von Ausbildern/innen in der Industrie. In: Berufsbildung in Wissenschaft und Praxis 1/91, S. 20–26

Weltner, K.: Autonomes Lernen. Theorie und Praxis der Unterstützung selbstgeregelten Lernens in Hochschule und Schule. Stuttgart 1978

Wettstein, E.: Die Idee der Berufsschule. Vorlesung, Zürich 1989/90

Wettstein, E.: Das schweizerische Berufsbildungswesen – Wandel und Umbruch? In: schweizer schule 11/91, S. 3–7

Wiater, W.: Unterrichten und lernen in der Schule. Donauwörth 1993

Wipf, E.: Werkstattunterricht - mehr als ein Strohfeuer? In: die neue schulpraxis 4/1990, S. 5–10

Zimmer, G.: Selbstorganisation des Lernens. Frankfurt 1987

Berufspädagogik bei Sauerländer

Herausgegeben vom Institut für Bildungsforschung und Berufspädagogik des Kantonalen Amtes für Berufsbildung, Zürich

Rolf Arnold
Berufspädagogik
Lehren und Lernen in der beruflichen Bildung
1990. 132 Seiten. ISBN 3-425-07919-0

Emil Wettstein
Praxis der programmierten Prüfung
Der Einsatz von Multiple-Choice-Aufgaben an der Lehrabschlussprüfung.
1977. 140 Seiten. ISBN 3-7941-1697-6

Emil Wettstein / Erwin Broch
Berufsbildung für «Schwächere»
Hinweise und Modelle zur Gestaltung von Vorlehre, Anlehre und Stützkurs.
1981. VIII + 208 Seiten. ISBN 3-7941-1802-2

Kurt Aregger (Hrsg.)
Wissenschaft und Praxis in der Berufsschullehrerbildung
1982. XII + 140 Seiten. ISBN 3-7941-2324-7

Josua Oehler
Zwischen Lehre und Anlehre
1985. X + 148 Seiten. ISBN 3-7941-2787-0

Emil Wettstein
Die Entwicklung der Berufsbildung in der Schweiz
1987. VIII + 135 Seiten mit zahlreichen Abbildungen.
ISBN 3-7941-2892-3

Ulrich Mägli
Geschichte der gewerblichen und kaufmännischen Berufsbildung im Kanton Zürich
Von 1830 bis zur Gegenwart
1989. X + 238 Seiten. ISBN 3-7941- 3136-3

Balmer, Katharina / Gonon, Philipp / Straumann, Martin
Innovation und Qualifikation
Eine berufsbiographische Untersuchung von FEAM und Mechanikern
1986. X + 214 Seiten. ISBN 3-7941-2874-5

Steiner, Gerhard / Villiger, Daniel
Aspekte der Berufsbildung
Ergebnisse aus dem Forschungsprogramm EVA des Schweizerischen Nationalfonds über die nicht-akademische Berufsbildung
1986. X + 110 Seiten. ISBN 3-7941-2891-5

Gonon, Philip / Karrer, Dieter / Straumann, Martin
Der Ausbilder in der schweizerischen Maschinen- und Elektroindustrie
Eine qualitative Analyse von Berufsbiographien und Gruppendiskussionen
1988. VI + 157 Seiten. ISBN 3-7941-3007-3

Gonon, Philipp (Hrsg.)
Evaluation in der Berufsbildung
Beiträge von sechs Autorinnen und Autoren, die die Rolle der Evaluation und die Begleitung von Schulversuchen beleuchten
1992. 136 Seiten. ISBN 3-7941-3595-4